# 永田町知謀戦

## 二階俊博と田中角栄

大下英治
Eiji Ohshita



さくら舎

# はじめに　「角栄学校」の輝き

## 梟雄・織田信長を目指した田中角栄の真意

世に政治家の名を冠しての「〇〇学校」は数多《あまた》あるが、日本で本当にそう呼ばれるに値するものは、およそ二つしかない。「吉田《よしだ》学校」と「角栄《かくえい》学校」である。ともに、優れた人材を輩出。日本の政治史のなかに燦然《さんぜん》たる位置を占める。

しかし、吉田茂《しげる》は昭和四十二年（一九六七年）に死去し、田中《たなか》角栄が平成五年（一九九三年）に死去した今、いわばその〝道統〟を継ぐ者はいるのだろうか。

じつは、吉田学校から角栄学校は、そうした意味でつながっていた。田中角栄は吉田学校出身とされるとともに、みずからが、経済復興をなし遂げた吉田茂と、高度成長をなし遂げた池田《いけだ》隼人《はやと》の直系を自認していた。

それは、首相は財政と経済をわかり、国を主導していくものだとの信念による。「角栄のお庭番」と言われた元秘書の朝賀昭《あさかあきら》が、あるとき目白の田中邸で「オヤジさん、政治とはつまり何なのでしょうか」と訊いた際、田中角栄は上を向いてこう答えたという。

「政治とはつまり、事《こと》を為《な》すということだよ」

政治とは、〝実践〟とした田中のリアリズム。理念や思想とは別に、物事を具体的に動かし、変えていく。学者や評論家とは決定的に違う〝職業としての政治〟の役割を意識していたからこその言葉である。田中はまた、「方針を示すのが政治家の仕事だ。役人は生きたコンピューターだ。方針を示せない政治家は役人以下だ」とも語り、政治家と官僚の区分をも示している。

それだけに、田中はつねに政策に軸足を置いていた。これは「国会議員は、法律をつくるのが商売なんだよ。それなのに、いまじゃみんな政府法案で通過してしまう」との言葉に明らかだろう。

実際、田中みずからがおこなった議員立法は三十三件にものぼる。これは、現在に至るまで、肩を並べる者がいないほどの〝記録〟である。

「国会議員がみずから法律をつくらないで、なんの国会議員か。法律をつくるのはな、きみィ、並大《なみたい》抵《てい》のことじゃないぞ。一つの法律をつくるのにどれだけの努力がいるか、いまの代議士はその努力をまるで忘れている。あれは代議士じゃないぞ」

一方、田中角栄は毀誉褒貶《きよほうへん》の真《ま》っ只中《ただなか》に生き続けた人物《ひと》であった。「今太閤《いまたいこう》」「庶民宰相」「コンピューター付きブルドーザー」と国民からもてはやされる反面で、「闇《やみ》将軍」「金権政治家」と揶揄《やゆ》された。

そんな田中像に、筆者はふと「戦国の梟雄《きょうゆう》」を思う。梟雄とは、残忍で猛々《たけだけ》しい者をいい、東大寺を焼き室町幕府十三代将軍の足利義輝《あしかがよしてる》を暗殺した松永久秀《まつながひさひで》が代表例に挙げられることが多いものの、スケールが小さい。もともとの『三国志』からの語義に従うなら、曹操《そうそう》を指す「乱世の奸雄」であり、日本では織田信長《おだのぶなが》がこれにあたるのではないだろうか。比叡《ひえい》山焼き討ちにいわれる〝悪〟と、そこから推進される新時代を招来したさまは、信長こそが戦国の梟雄であると思えてくる。

そして、田中はまわりの友人たちに、つねづねこう言っていた。

「織田信長、豊臣秀吉《とよとみひでよし》、徳川家康《とくがわいえやす》の三人の武将のうちでは、おれは信長のような生き方をしたい！　短くともいい、激しく燃え尽きたいというそのさまは、今に至るまでの日本の政治史上、もっとも〝悪〟にしてもっとも〝人気〟のあったことをふくめ、田中角栄にも梟雄のにおいが感じられる。

## 今、「角栄学校」に連なる者は誰か

さて、この田中による角栄学校の道統に連なる者は、いったいいるのか。そして、誰なのか。

現在、自民党で要職を務める石破茂《いしばしげる》は、「田中学校最後の弟子」を自任するが、昭和三十二年生まれで、衆院出馬・当選が昭和六十一年などといったところに、どことはなく違いを感じる。

というのも、田中角栄は将来、憲法改正があったとしても九条の改正だけはないと断言しており、こんな発言もあった。

「戦争を知っている世代が社会の中核にいるあいだはいいが、戦争を知らない世代ばかりになると日本は怖いことになる」

田中は、対決型の政治を避ける平和主義者として知られ、そこから、「日中国交回復」など外交面でも大きな成果を歴史に残した。そこに、筆者は二階俊博《にかいとしひろ》に、角栄学校の系譜をみる思いがある。

二階俊博も、毀誉褒貶の嵐の中にいる。「陰の実力者」「黒幕」「フィクサー」「懐が深いボス政治家」……。これらは消費税一〇％化にともなう軽減税率をめぐる自民・公明の水面下の攻防でさまざまにささやかれた二階評の一部である。そして、『産経新聞』シリーズ記事中の「永田町のキーマン」では、二階俊博自民党総務会長を取りあげ、二階の「特異な存在感」が浮き彫りになったとしてこう記している。

《今や政界でも数少なくなった戦前（昭和14年）生まれ。衆院当選11回。自民党を離党し、新進党、自由党などで小沢一郎《おざわいちろう》の側近だった時代もある。自民党復党後も、一貫して要職を歴任。みずからの派閥「二階派」はあれよあれよという間に36人の大所帯となり、「最後の派閥らしい派閥」（政府高官）とも評される。

こうした経歴と実力は、400人超の所属議員を抱える巨大与党・自民党にあって、一種、畏怖《いふ》の対象となっている。それゆえ、首相官邸内には「寝首をかかれる可能性がないわけではない」との警戒感もある。

しかし、一筋縄にはいかないのが二階俊博という政治家だ。

自民党をねじ伏せた軽減税率論議では、安倍普三政権の大番頭である官房長官、菅義偉《すがよしひで》と緊密に連携。平成二十七年（二〇一五年）九月の党総裁選では、安倍の無投票再選を支持する署名を他派閥に先駆けてまとめ、出馬を模索していた前総務会長の野田聖子をシャットアウト。長期政権の道筋に多大なる貢献をしている。

「偶然だ」と二階は多くを語らないが、情勢を見極める眼力と、その通りにことを運ぶ腕力は確かだ。》

また、冷え込んだ日・中・韓関係のなかに、二階が訪中すれば習近平《しゅうきんぺい》が、訪韓すれば朴槿恵《パククネ》が出迎える状況もつくられている。

この二階俊博もまた、田中角栄と同じように梟雄であるのではないだろうか。

【目次】永田町知謀戦 二階俊博と田中角栄

## 第2章　政治家の萌芽

## 第3章　権力抗争の舞台裏

## 第4章　影の実力者

## 第5章 政治家の才能

## 第6章 「日中新時代」への熱情

# 永田町知謀戦　二階俊博と田中角栄

# 第1章　田中角栄の闘い

## 角栄の「今太閤」への道と失脚への顚末

二階俊博《にかいとしひろ》と田中角栄《たなかかくえい》との関係を知るうえで、まず田中の自民党総裁・総理への道のりと、角栄学校の成立を見ていってみよう。

田中角栄は、大正七年（一九一八年）五月四日、新潟県に生まれた。牛馬商の父親・角次、母親・フメの次男であった。

昭和九年、尋常高等小学校を卒業後上京し、建設会社で住み込みで働くかたわら、夜間は私立中央工学校土木科に学んだ。

昭和十八年、田中土建工業株式会社を設立して社長となり、年間施工実績で全国五十位内の会社に育てあげた。

昭和二十一年四月、戦後初の総選挙に出馬するも次点で落選。翌年四月、新潟三区より立候補して初当選。

昭和三十二年七月、三十九歳にして第一次岸信介《きしのぶすけ》改造内閣の郵政大臣に就任。三十六年には自民党政調会長。

翌年七月、第二次池田勇人改造内閣の大蔵大臣に就任すると、大蔵省の課長、課長補佐クラスの官僚に近づき、味方につけていった。

昭和四十年六月、佐藤栄作《さとうえいさく》自民党総裁のもと幹事長に就任した。だが、翌年十二月、「黒い霧事件」の責任をとるかたちで辞任。

　昭和四十七年六月、「日本列島改造論」を発表。

その年七月、ライバル福田赳夫《ふくだたけお》といわゆる「角福戦争」の末、田中が勝利をおさめ、内閣総理大臣に就任。小学校出の首相として国民から「今太閤」として絶大な支持を集めた。

　田中角栄には、「強さ」と「脆《もろ》さ」が同居していた。天下を取る、日中国交正常化をやりとげる、といった攻撃の際に見せた田中のエネルギーと強さは、鬼面人を驚かすものがあった。しかし、一転、守勢にまわり弱気になったときの田中は、意外に脆さを露呈した。

　空前の金権選挙といわれた昭和四十九年七月の参院「七夕選挙」での惨敗後、宿敵・福田赳夫と三《み》木武夫《きたけお》が閣僚を辞任し、公然と田中に反旗を翻《ひるがえ》した。

　さらに強烈な打撃が田中を襲った。月刊『文藝春秋』の昭和四十九年十一月号に掲載された、評論家・立花隆の「田中角栄研究─その金脈と人脈」と、作家・児玉隆也の「淋しき越山会の女王」である。

　立花隆のレポートは、田中角栄の財産形成の過程を徹底的な調査で暴いたものである。児玉隆也のレポートは、田中角栄の秘書であり金庫番であった佐藤昭《あき》と田中との関係を暴いていた。

　ここを先途《せんど》と、福田派は田中内閣に正面きって宣戦布告の狼煙《のろし》をあげる。三木（武夫）、中曾根《なかそね》（康弘《やすひろ》）派も真相究明を求め、社会党をはじめとする野党も金脈問題を追及するなど、政局は俄然火を噴《ふ》き始めることになった。

このとき、すでに首相としての田中は、十月二十八日からのオーストラリア等の三ヵ国訪問、十一月十八日のフォード米大統領の来日といった日程を掲げていた。さらに、この時期には、日本に寄港する米空母、原子力潜水艦の核搭載疑惑、原子力船「むつ」の放射能漏れ事件、米価・国鉄運賃値上げによるインフレの昂進《こうしん》などの問題があって、野党攻勢は激化し、世論は騒然となりつつあった。

田中個人としては、外遊の取りやめという弱気な気分が兆さないわけではなかった。一方、田中派の幹部たちのあいだには、解散・総選挙で強行突破すべしとの主戦論が展開された。

しかし、政界全体の空気としては、あたかも〝田中辞任〟が既定事実であるかのようになっていき、ポスト田中の問題が論じられ始めていた。

後継総裁は公選でと主張する大平正芳《おおひらまさよし》と、話し合い方式を譲らない福田赳夫の熾烈《しれつ》な争いが展開された。田中は、フォード大統領を万全の態勢で迎えるべく内閣改造をおこなう一方、激化する後継者争いをしずめるため、副総裁・椎名悦三郎《しいなえつさぶろう》による暫定政権を考えるが、これに失敗。事態は、大福激突による自民党分裂まで進むかにみえた。

フォード大統領が去り、十一月二十六日、田中は退陣の声明を発表した。首相官邸の会見室で竹下登官房長官が代読したこの場面は、テレビ放映された。昭和四十七年七月六日に首相の座に就いて二年四ヵ月余、「今太閤」ともてはやされての登場も、最後は石もて追われるような退場であった。

後継総裁選出にあたっては、総裁候補と目された大平・福田・三木・中曾根の四人と、椎名副総裁との話し合いで決定することになった。

椎名裁定は、三木武夫を指名。事前に根回しがついていた出来レースにもかかわらず、表向きは驚いてみせた三木の「青天の霹靂《へきれき》」という言葉は、流行語となった。

昭和四十九年十二月九日、三木内閣が発足。誠実・清潔が売りの〝クリーン〟政治家・三木は、「党改善」「金権政治の改革」を掲げ、独占禁止法や政治資金規正法などの改正に取り組む。

田中角栄は雌伏の時を迎える。しかし、田中派＝角栄学校の士気は衰えることなく、田中復権と、いつの日か政権を取るために、さらに結束を強めていった。

## ロッキード事件からの「三福中」対「大角」の抗争

昭和五十一年二月四日、アメリカ上院外交委員会、多国籍企業小委員会（チャーチ委員会）の公聴会で「ロッキード社が、大型旅客機トライスターを全日空に売りこむために三十億円以上を支出し、右翼の大立て者、児玉誉士夫《こだまよしお》とロ社日本代理店・丸紅に政界工作資金として渡した」ことが明らかになった。

社会、民社、共産、公明の四野党はすぐさま追及を開始した。三木武夫首相も「日本の政治の名誉にかけても真相を究明する」と言明。

衆議院予算委員会は、国際興業社主・小佐野賢治《おさのけんじ》、全日空社長・若狭得治《わかさとくじ》、丸紅会長・檜山広《ひやまひろ》らを次々に証人喚問していった。

が、新たな証人喚問などをめぐって、国会は空白状況に陥った。

三木は、「事件の解明はすべての政治課題に優先する」とまで言い切った。

三木の秘書官中村慶一郎は、こう記述している。

「真相究明は、事件の最初の段階から首相の強い政治信念にもとづくもので、事実、最後までその信念は変わらなかった。しかし一面で……首相にとって、事件の真相究明をつらぬくことは、一種の党内対抗手段にもなると考えていたのではないか」

「クリーン」が売りの三木であったが、首相就任後は、かえってそれが党内の反発を買っていた。企業献金全廃をはかった政治資金規正法改正や独占禁止法の強化を狙った同法改正案などをめぐり、反三木の先頭に立ったのは、皮肉にも三木を首相に指名した椎名悦三郎その人であった。

真相究明を声高に叫ぶ「はしゃぎすぎ」の三木を退陣させるべく、椎名は昭和五十一年五月、田中、大平、福田などとはかって三木退陣工作に奔走。七ヵ月に及ぶ党内抗争「三木おろし」の始まりである。

だが、表面化した三木おろしに対して、三木は退陣要求を断固拒否した。この時点では、「三木おろしはロッキード隠しではないか」との世論も三木を援護した。

三木政権一年目の昭和五十年、完全失業者数は百万人を突破し、日本は深刻な不況にあった。翌年も不況からの脱出は容易でなく、サラ金の借金に苦しむ人が増加した。

昭和五十一年六月、河野《こうの》洋平《ようへい》たちが自民党を離党し「新自由クラブ」を結成。ロッキードをきっかけに暴かれた政界腐敗との決別、新しい自由主義の確立を謳《うた》い、党内若手ら六人が名を連ねた。

三木と自民党反主流派の暗闘は、昭和五十一年七月二十七日、外国為替法違反容疑による田中逮捕で、頂点に達する。田中は、「総理大臣の職務権限によりロ社の航空機導入を約束し、丸紅から五億円を受け取った」として、八月十六日、受託収賄罪と外為法違反で起訴された。

三木は、田中逮捕で自民党内の「三木おろし」はしぼむはずとみていたが、田中側の〝三木憎し〟の感情は、もはや理屈抜きで高まっていた。

八月十九日には、三木退陣を要求する「挙党体制確立協議会」が田中・福田（赳夫）・大平（正芳）・椎名・船田《ふなだ》（中《なか》）・水田《みずた》（三喜男《みきお》）の六派によって結成され、三木を追い詰める。

ここでも粘り腰を見せた三木は、退陣要求をかわして内閣改造をおこない、政権継続をはかる。が、十二月五日、任期満了にともなう総選挙で敗北し、責任をとって七日、ついに退陣を決意する。

この間、田中派は逆に増大し、田中の苦境にもかかわらず角栄学校からの〝脱落者〟は出なかった。田中派は危機あるごとに強大になっていった。

三木武夫首相に退陣を迫った挙党体制確立協議会は、後継を福田赳夫だとしていた。昭和五十一年十二月二十三日、自民党の両院議員総会で、福田は新総裁に選出されると、「三木おろし」で共闘した大平正芳を幹事長に据《す》えた。

自民党は先の総選挙で過半数割れの敗北を喫し、福田内閣は、与野党伯仲という状況下でのスタートだった。

福田は、依然として続く不況への対策には苦しんだが、東南アジア六ヵ国歴訪や日中平和友好条約の締結など、積極的な外交で成果を示した。

「一期務めたら次は譲る」という大平との密約を反故《ほご》にして、福田は続投を画策し始めた。

当然、承服しがたい大平は、福田に戦いを挑んだ。

舞台となったのは、昭和五十三年十一月、自民党史上初めての総裁予備選挙である。これは、全党員による予備選挙で候補者を上位二名にしぼり、その後、国会議員による本選挙をおこなうというものので、もともとは三木が首相時代に導入を提唱したものである。

福田、大平のほかに、中曾根康弘、三木派の河本敏夫が出馬を表明した。

田中角栄が「闇将軍」と呼ばれるようになったのは、このころからである。田中のもっとも得意とする攻撃の局面がめぐってきた。

十月中旬の『読売新聞』の調査では、福田が圧倒的に大平をリードしていた。意気消沈する大平を尻目に、ひとり田中角栄は逆転可能と読んでいた。

全国に培った人脈をフル動員し、大平を総裁に就けるべく必死になった。後藤田正晴《ごとうだまさはる》に東京攻略の指揮をとらせ、田中派の総力をあげてのぞんだ。

結果、大平は快勝し、田中は「キングメーカー」の底力を見せつける。「大角連合」の前に敗れた福田は、本選を辞退した。

以後、大角に対する福田の怨念は根深いものとなる。

昭和五十三年十二月七日、大平内閣が発足。田中角栄のリモートコントロールによる政権の始まりだった。これ以後、政局は、とかく弱気になりがちな大平の尻を田中が叩きながら展開していく。

福田、三木、中曾根の反主流派の戦う真の相手は、大平ではなく田中だった。

「自然と人間との調和」「経済中心から文化重視へ」と謳った大平内閣は、航空機売りこみをめぐるダグラス・グラマン疑惑やＫＤＤの密輸にからむ政界献金問題などに揺さぶられつつも、昭和五十四年六月には東京サミット（第五回主要先進国首脳会議）を成功裡《せいこうり》におさめた。景気もようやく好況に転じ始めていた。

足かせとなっていた与野党伯仲の打開をはかった大平は、九月、解散・総選挙で一気に自民党議席の圧倒的多数を狙った。が、またしても自民党は惨敗してしまう。赤字国債の累積を危惧して、一般消費税の導入をにおわせたのが敗因だった。

敗北の責任問題で、大平に退陣を迫る福田・三木・中曾根の「三福中」対、大平・田中の「大角」の抗争が始まった。いわゆる「四十日抗争」である。党内は二分し、総選挙後の首班指名には、大平と福田の二人が立候補する事態となる。決選投票で勝った大平だが、その後も混迷は続く。

## 江﨑真澄と田中角栄の関係の裏面に無派閥中間派の消滅

昭和五十三年十一月におこなわれた自民党総裁予備選挙で、現職絶対優勢といわれながら敗れ去った福田は、首相の座への未練が鎌首をもたげ、大平首相と激しくぶつかった。そのあまりの激しさゆえ「福田派が自民党を飛び出すのではないか」という観測があった。

このとき、のちに二階の選挙区になる和歌山二区の自民党国会議員は、早川崇《はやかわたかし》、正示啓次郎《しょうじけいじろう》の二人であり、偶然、二人とも福田派であった。もし、福田派が自民党を離党でもすれば、和歌山県二区は自民党空白区になってしまう。自民党主流派である大平派、田中派は、万が一のことを考え、立候補予定者の準備を始めたのであった。

このとき、二階俊博は和歌山県会議員であり、その活動中心地——地盤の御坊市は、まさに和歌山二区にあった（小選挙区制の移行により現在：和歌山三区）。

昭和五十四年十月の末、二階は個人事務所で自らが協会長を務める御坊市バレーボール協会の打ち合わせをしていた。そこに、江﨑真澄《えさきますみ》から連絡が入った。

江﨑真澄は、昭和三十五年、藤山《ふじやま》（愛一郎《あいいちろう》）派結成と同時に、岸信介の勧めで、同派に入った。藤山と田中角栄の仲はよかった。江﨑は、その田中と藤山のあいだを、連絡係として走り使いしていた。

江﨑は、藤山擁立の日を、じっと待っていた。しかし、藤山は結局、岸信介におだてられ、踊らされた挙げ句、政権を奪取できずに、滅びていった。

江﨑は、その姿を見ていくうちに藤山の理想主義を学んだ反面、弱小派閥が生き残る道について考え続けた。

江﨑は昭和四十五年、水田派結成に向けての活動の中心人物として躍動した。四十六年、佐藤栄作内閣で放言辞任した西村直己《にしむらなおみ》防衛庁長官の後任として、二度目の防衛庁長官となった。

しかし、政界での評価は、その弁舌と、器用さに対するやっかみもあり「金のある派閥に身を寄せるお調子者」という不名誉なものであった。

昭和四十七年十二月、第二次田中内閣で自治相、兼国家公安委員長、兼北海道開発庁長官となった。

昭和四十八年の十二月には、田中から初代幹事長代理を任された。

田中は、そのとき、江崎をわざわざ首相官邸に招いて言った。

「きみ、幹事長代理をやってくれ。これは、実質的に、幹事長になったつもりでやってもらいたい」

幹事長は、このとき政界の実力者橋本登美三郎《はしもととみさぶろう》であった。が、橋本を補佐するという名目ではあるが、実質的な権限を与えられた江崎は、感激した。

江崎は、この幹事長代理の時代、さかんにマスコミに登場し、NHKの国会討論会を筆頭に、田中内閣のスポークスマンとしての役割をこなした。

昭和四十九年七月の第十回参院選も、幹事長代理として活躍した。

江崎は、広川派、藤山派、水田派と傍流を歩んできた。口八丁手八丁だが、能力ほど陽《ひ》の当たる場所を歩んできていない。「派閥のない男」の代表格のように言われていた。

無派閥中間派というグループは、もうこの時期、存在価値を失っていた。

佐藤政権時代、「一強四弱一フーテン」という呼び方があった。一強とは、百名をかかえた佐藤派の領袖《りょうしゅう》・佐藤栄作、四弱とは、三木武夫、大平正芳、保利茂《ほりしげる》、福田赳夫の四人、一フーテンとは中曾根康弘のことだ。中曾根は、それほど配下の議員が少なかったたし、一人フーテンのように見えたということである。

すでに佐藤政権後期あたりから、このような呼び方があったほど、自民党派閥は佐藤派を中心にして大組織となっていた。佐藤政権末期には、中間派は、「隠れ田中派」と呼ばれ、総裁選のための田中の兵として考えられていた。佐藤政権末期、田中が総裁の座を目指しているそのとき、中間派は、田中によって切り崩され、田中政権実現のための貴重な兵と化していった。

## 政権から滑り落ちながら田中派が強さを保った内実

金脈問題で政権を投げ出した田中角栄は、毎晩、やけ酒を呷《あお》っていた。総裁派閥は、領袖が政権から滑り落ちたとたんに衰退していく。事実、田中派から逃げ出そうとする議員もいた。それがよけいに田中を酒に走らせていた。

田村元《たむらはじめ》（愛称ゲン）も、何度かいっしょに田中と酒を飲んだ。田中は、海しさが込みあげるのか、ときおり涙ぐむことさえあった。田村は、そんな田中を見て淋《さび》しい気持ちになった。

〈やったことの良し悪しは別だが、あの迫力満点だった角さんの、こんなに落ちこむ姿を見たくはないなあ〉

あるとき、県議だった江﨑が、二階俊博が自分の個人事務所にいた際に語ったところによると、ある日、田村は、田中と江﨑真澄の三人で、赤坂の料亭で酒を酌《く》み交わした。この日、田中は、いつになくしんみりとしていた。

田村は、かわいそうでならなかった。つい口に出た。

「角さん、おれ、あなたの派閥に入ってもいいですよ」

深い思慮があったわけではない。いうなれば、浪花節であった。

田中は、驚きのあまり、手にしたグラスを落としそうになった。

「ええッ！　ゲンさん、それは本当か」

田村は、大野《おおの》（伴睦《ばんぼく》）派に属した。生粋《きっすい》の党人派として歩み出した。

昭和三十九年六月、大野が死去した。大野派は、船田中派と、村上勇《むらかみいさむ》派に分かれた。

昭和四十六年、村上派に船田派を脱藩した水田三喜男、中川一郎が加わり、水田派が結成された。

田村は、水田派結成の立て役者となった。そのとき田村は、弱小派閥の悲哀をいやというほど味わった。

昭和四十七年七月、ポスト佐藤を決める自民党総裁選がおこなわれることになった。田中角栄、福田赳夫、大平正芳、三木武夫の四人が名乗りをあげた。

田村は、田中を推すつもりでいた。

〈池田勇人さんが手がけた所得倍増計画の仕上げをするには、角さんがいちばんいいだろう。それに、角さんは、おれのような恵まれた家庭に育ち、慶応大学を出た者とは違う。小学校しか出ておらず、艱難辛苦《かんなんしんく》ここまで這いあがってきた。そういう人に政権を取らせたほうがおもしろいだろう〉

そこへ、田中から電話がかかってきた。

「ゲンさん、総裁選、よろしく頼む」

田村は答えた。

「いいよ、応援する。何人になるかわからんが、少し議員を紹介してあげるよ。おれの名刺を渡しておくから、そっちに行ったらいい具合に話をしておいてよ」

「おお、ありがとう。サンキュー」

田村は、旧河野派など数人の議員を田中に紹介した。

昭和四十七年七月七日、第一次田中内閣が発足。

田村は、論功行賞もあり、四十八歳の最年少で労働大臣として初入閣した。

田中は、国民から「今太閤」ともてはやされた。が、田中の金権体質への批判が強まり、昭和四十九年十一月二十六日、退陣を表明した。

田村は、このとき水田派を脱藩していた。

田村は、江﨑に水を向けた。

「江﨑さん、あんたもこのまま男一匹でいる気なのか。どうだい、いっしょに角さんのところに入らないか」

江﨑もまた水田派を脱藩し、無派閥の身であった。が、江﨑は田中よりも一期先輩である。後輩の派閥に入るのはプライドが許さないのか、曖昧《あいまい》にした。

「うーん、ちょっと考えさせてくれ」

田村は、あらためて田中に言った。

「角さん、おれは、あなたのところにお世話になりますよ」

田中は、眼を真《ま》っ赤《か》に腫《は》らし、両手で田村の右手を握った。上下に何度も力強く揺すりながら、嗚《お》咽《えつ》した。

「ありがとう、ありがとう……」

田村が田中に田中派入りを申し出た翌日、田村のもとに江﨑から電話がかかってきた。

「おい、ゲンさん。おれも、肚《はら》を決めたよ」

「そいじゃ、いっしょに行こうよ」

田中は、江﨑の加入を喜んでいた。

〈これで、亡き愛知《あいち》（揆一《きいち》）の代わりを務める政治手腕を持った大物を、抱きこむことができた〉

田中は、新たに田中派に加わる江﨑を、自分が復権するまでのあいだ、田中派のいわゆる管財人として登用するつもりだった。「おじいちゃん」の愛称で呼ばれていた西村英一《にしむらえいいち》がその任にあったが、いかんせん、七十七歳と高齢であった。

江﨑と田村は、昭和五十年八月二十五日の田中派「七日会」の総会で、正式に田中派入りし、二人ともそろってすぐに「七日会」の代表世話人に選ばれた。

ただし、田村は、田中派にどっぷりとは浸《つか》らなかった。あくまでも、客分としての意識でいた。

なお、田村は、自分を慕う若手議員は誘わなかった。田中派は、正直いってこれからどうなるのかわからない。脱藩者が、想像以上に増える可能性もある。そのような状況のなかで勧誘すれば、迷惑をかけてしまう。そう判断したのである。

田中は、田村の入会が、よほどうれしかったらしい。田村は、親しい新聞記者に聞かされた。

「田中さんが、『田村元は、豪放磊落《ごうほうらいらく》に見えるが、じつに緻密《ちみつ》に計画を立てる男だ。いわゆる、〝謀将〟だ。わが派には、あんな男はいなかった』と評価していましたよ」

この二人が田中派入りした直後、高鳥修《たかとりおさむ》は、砂防会館の田中事務所で、田中に文句をつけた。

「下の若い者が増えるのはいいですが、上を増やしてもらっちゃ、困りますよ」

高鳥ら若手のあいだには、江﨑、田村の加入に納得いかない者が多かった。おれたちは、田中派旗揚げの総裁選の最初から田中派だったんだ。それなのに、ポスト狙いだかなんだか知らないが、外からやって来て、代表世話人として平然と座られては困る。下が詰まってるんだから、困るじゃないか。それでなくても、大臣になりたい者はいっぱいいるんだ――。

高鳥は、そういう不満をぶつけたのであった。

が、田中は苦笑いするだけで、取りあわなかった。

「そういう気持ちもわかる。しかし、みんなおれのところに来たいと言ってるんだから、いいじゃないか」

## 江﨑の誘いと「衆院不出馬」宣言

さて、江﨑は、昭和五十四年十月の末、御坊市の個人事務所にいる二階に唐突に言ってきた。

「こんな状態だから、いつ解散になるかわからない。どうだ、次期総選挙に出馬しないか。角さんとも話をしたし、太平さんの改造内閣で官房長官となる伊東《いとう》（正義《まさよし》）さんにも話を通してある」

二階は突然の誘いに、内心驚きを隠せなかった。

二階は、きっぱりと答えた。

「今回は、出るつもりはありません。わたしは小さな町の県会議員です。まだ、顔も名前も知られておりません」

二階は、自分にはまだ国政に挑む条件が整っているとは思えなかった。それに、早川、正示とも、それぞれ深いつながりがある。不意打ちのような形で出馬することは避けたかった。

しかし、江﨑は、それでもさらに勧めてきた。

「選挙ともなれば、東京から有力な幹部や閣僚たちをどんどん応援にいかせる。一週間もすれば、県下全域に名前が知れ渡るよ。そんなことを気にしないで、決意しないか」

しかし、二階は首を縦に振らなかった。

やがて、なんの前触れもなく後援者が続々と集まってきた。

二階は首をひねった。

〈いったい、なんだろう〉

かれらは、口々に訴えかけてきた。

「解散になるかもしれません。ぜひ、総選挙に出馬してください」

しかし、二階には出るつもりはなかった。きっぱりと断った。

「いや、今回は出るつもりはありません」

ところで、この出馬要請の話が、どこから漏れたのであろう。「二階が出馬するらしい」と噂が広まってしまった。

二階は頭をかかえこんだ。

〈まいったな……〉

数日後、二階はわざわざ不出馬宣言をおこなった。

この時期の国政の状況は、昭和五十五年五月十六日、社会党が提出した大平内閣不信任案に福田ら反主流派が同調、不信任案は可決されてしまう。内閣総辞職とみられていたが、大平は解散を強行。前回の総選挙からわずか七ヵ月後の選挙に踏み切ったのは、田中が大平に「衆参ダブル選挙」の策をさずけたからである。

六月二十二日、史上初の衆参同日選挙がおこなわれた。選挙戦のさなか、急死した大平への同情票も集まり、自民党は衆参ともに圧勝した。

勢いに乗じた田中は、昭和五十五年十月二十三日、「木曜クラブ」を発足させ、公然と活動を再開する。田中派を膨張させ、自分はキングメーカーになって派閥の連中に政権をつくらせ、それによって刑事被告人という汚名をそそごうという目論見であった。総理復帰への執念を燃やしていた。

## 田中角栄にリクルートされる

そうしたなかの、昭和五十八年のある日のことである。日高《ひだか》郡印南《いなみ》町真妻地区の有力者たちが、二階の自宅にやって来た。かれらは、御坊《ごぼう》市と奈良県十津《とつ》川《がわ》村を結ぶ御坊十津川線を国道に昇格してほしいと切望していた。印南町は、県議会における二階の選挙区ではない。だが、しばしば相談にやって来るため、すっかり顔見知りになっていた。

二階は声をかけた。

「今日は、みなさんおそろいで、どこかに行かれるんですか」

「じつは、これから新潟に行くんです」

「新潟？　新潟の、どこに行くんですか」

「田中角栄先生の選挙事務所に」

二階は大声をあげた。

「えっ！　田中先生のところに」

「はい、二階さんにもお願いしていますが、やがては御坊十津川線を国道に昇格してほしいと陳情に行くんですが、今回は選挙事務所へ陣中見舞いに行くんです」

「あなたがたは、田中先生を知っておられるんですか」

「いいえ、一度も会ったことはありません。しかし、田中先生なら、わたしたちの気持ちをわかってくれるはずだと考えましてね」

一人が、腕時計に眼をやった。

「ああ、もうこんな時間だ。急がないと、電車に間にあわないぞ」

二階は時間に余裕があったため、御坊駅まで車で送って行くことにした。

笑顔でかれらを見送った。が、内心、憂鬱《ゆううつ》であった。自宅に戻る途中、情けない気分になった。

〈地元に力のある国会議員がおれば、知り合いでもない田中先生のところに、わざわざ陳情に行かなくてもすむ。よし、なんとか国道に昇格できるように力を尽くそう〉

二階は「国道昇格運動」を展開することにした。が、ただ国道昇格を訴えるだけでは迫力がない。そこで、乗用車六十台、総勢二百人のキャラバン隊を編成し、御坊市から十津川村まで走行するキャンペーンを考えた。

しかし、六十台ものキャラバン隊を編成するためには、所轄の警察署の通行許可証を取らなければならない。それに、十津川にたどり着くためには、和歌山県、奈良県の二県にまたがるいくつもの所轄警察署の通行許可証が必要になってくる。

二階は所轄の警察署に申請した。

しかし、なかなか許可がおりなかった。

二階は地元の人たちに相談した。

「どうしましょうか」

かれらは、熱っぽく言った。

「われわれは、ぜひやりたい」

二階はかれらの強い決意を知り、大きくうなずいた。

「それでは、あまり仰々《ぎょうぎょう》しくやらないようにしましょう」

二階は警察署の担当者に、電話を入れた。

「キャラバン隊は、中止します」

そのうえで、実行に移した。

早朝、日高の県事務所前にキャラバン隊が集結し、道なき道を越えて、奈良県十津川村までキャンペーンを繰り広げた。

その夜、キャラバン隊に参加した真妻の住人三、四十人が二階の自宅へ押しかけて来た。かれらは、口々に訴えかけた。

「なんとしても、次期総選挙に出馬してください」

二階は、かぶりを振った。

「一町内会のみなさんから『出てくれ』といわれて、『はい、出ます』と簡単にいくもんじゃありませんよ」

「われわれ全員で、考えに考え抜いてきたんです。真面目に、受け取ってください」

「わかりました。考えてみます」

二階は「四十日抗争」以来、江﨑からも、たびたび言われていた。

「きみを国政に迎え入れたい。なにも田中派木曜クラブの数を増やそうということで、誘っているんじゃないよ。きみのような若い力が、国会に必要なんだ」

二階は決意した。

〈微力ながら、和歌山県の県民生活を発展させるために尽力しよう〉

### 田中派の候補として国政進出を決意

二階は江崎に出馬の決意を伝えるため、昭和五十八年の秋、後援者となってくれた日高郡の町村長と共に上京し、江崎の事務所が入っている千代田区平河町二丁目の砂防会館に出向いた。

砂防会館には、田中派の派閥事務所もある。江崎と談笑していると、やがて小沢一郎、愛野《あいの》興一郎《こういちろう》が顔を見せた。愛野とは、二階が遠藤三郎《えんどうさぶろう》の秘書を務めていた時代からの知り合いであった。

二階は、後援者を紹介していった。

すると、小沢は感心して言った。

「郡の全町長、全村長さんが来てくれるなんて、すごいな。そんな簡単にできるもんじゃないよ。おれは十年以上代議士をやっているけど、あんたは、まだ代議士にもなっていないのにな」

その後、二階は江崎や小沢との関係もあり、田中派の候補として出馬することを決めた。

二階は、江崎に連れられて、砂防会館の近くのイトーピア平河町ビル内にある田中角栄の個人事務所に出向いた。

田中は、二階の顔をじっくりと見ながら言った。

「ここにいる江﨑君をはじめ旧藤山派の人たちのほとんどが、木曜クラブにきている。遠藤三郎さんの秘書だった二階君が、うちにくるのは、自然の姿だよ。きみは、外から見ると、欠点はなさそうだし、間違いなく当選するよ」

田中は選挙の神様といわれている。その田中に「当選する」と言われて悪い気はしない。

しかし、二階はにわかに信じがたかった。思わず、聞き返した。

「そんなこと、どうしてわかるんですか」

田中は手に持った扇子《せんす》をせわしなくあおぎながら、茶目っ気たっぷりに言った。

「おれは毎日、馬を見て暮らしているんだ。この馬は、中央競馬に出してだいじょうぶか、この馬は地方競馬どまりか、この馬は馬車馬にしかならない、ということをずっと見てきた。だいじょうぶ、きみは中央競馬に出れるよ」

田中は、父親が馬喰《ばくろう》だった関係で幼児期から馬になじんできた。乗馬も得意であった。陸軍でも騎兵科に配属されたほどだ。

政治家になってから競走馬の馬主になる。長女の真紀子《まきこ》の名を冠した「マキノホープ」など有力馬を多く持っていた。

その後、二階は記者会見を開き、次期総選挙に出馬することを明らかにした。県議の後継者も指名した。

当初、二階のライバルは、和歌山県選出の自民党衆議院議員を十四期も務めたベテランの早川崇、無所属で出馬する渡辺美智雄《わたなべみちお》大蔵大臣の秘書官だった東力《ひがしちから》、現職衆議院議員の正示啓次郎らだとみられていた。

ところが、予期せぬことが起こった。和歌山県第二区選出の早川崇が十二月七日に急死してしまったのである。

しかも、その後継者に参議院議員を三期務め、宗教政治研究会を主宰し「参院のドン」とまで言われていた実力者玉置和郎《たまきかずお》が座った。

玉置は、和歌山県第二区の各市町村を押さえていた。しかも、玉置の実兄の玉置修吾郎《しゅうごろう》は、二階の地元である御坊市の市長であった。

玉置和郎が突然に出馬するまで、玉置修吾郎は、二階を応援していた。ところが、実弟の玉置和郎が出馬することになると、手の平を返したように玉置和郎の応援に鞍替《くらが》えしたのである。玉置修吾郎だけではない。それまで二階を応援していた県議のなかにも、玉置陣営に走るものがいた。

二階は厳しい戦いを強いられることになった。

さらに、二階は知り合いの中央紙の記者に言われた。

「いつ選挙になるかわからないが、十月にはロッキード事件で逮捕された田中角栄さんの判決が出る。ベテランや力のある現職国会議員なら別だけど、新人が田中派を名乗って出馬するのは、大変なことだよ」

その記者は、二階のことを思って助言してくれたのであろう。

しかし、二階は覚悟を決めていた。

〈わたしは、すでに田中先生の門をたたき、江﨑先生や小沢先生をはじめ田中派の議員とかねてより親しくお付き合いし、ご指導をいただいている。新人に不利だからといって、別の派閥から出ます、ということは性格に合わない。火薬庫が爆発して、自分のようなものは、木っ端微塵《こっぱみじん》に吹き飛ばされるかもしれない。しかし、それでもいい。前進あるのみだ〉

## 「蜂の一刺し発言」を皮肉りつつ田中は二階を後援

昭和五十八年九月十二日、二階の著書『明日への挑戦』の出版記念パーティーが東京プリンスホテルで開かれることになった。出版記念パーティーといっても、決起集会のようなものである。地元から後援者がバス十台を連ねてやって来ることになった。

田中角栄も、ゲストとして出席してくれることになった。しかも、後援者たちといっしょに写真に収まってくれるという。後援者にとっては、それが楽しみの一つであった。

ところが、出版記念パーティーを数日後にひかえたある日、愛宕警察署から二階に電話が入った。愛宕警察署は、東京プリンスホテルを所轄していた。

「ご存じのように、田中先生は十月十二日に裁判の判決をひかえています。大変、緊迫した状況にあり、身辺警護も容易ではありません。パーティーに出席することは仕方ありませんが、地元後援者と写真を撮るのだけはやめてもらえませんか。どうしても、そのときだけ警備が手薄になりますから」

二階は撫然《ぶぜん》として答えた。

「田中先生ご自身が、『危険だから、やめる』と言うなら、一も二もなく従います。ただ、それは田中先生の判断ではないでしょうか。とりあえず、わたしのほうから田中先生に相談してみます」

二階はただちに田中に連絡を入れ、事情を説明した。

田中は、きっぱりと言った。

「おれは、そんなことを心配していない。恐れる気持ちもない。計画どおりやってくれればいい」

二階は胸をなでおろした。

〈これで、田中先生といっしょに写真が撮れることを楽しみにしている後援者たちにも、喜んでもらえる〉

パーティー当日は、裁判の判決をひかえているため、テレビ局をはじめとする報道関係者が多数詰めかけた。田中がゲストとして挨拶に立った。その一流の話術で出席者を魅了していく。そのなかで、のちにたびたびテレビで放映されることになる有名な言葉を吐いた。

「まあ、みなさん、夕涼みをしていれば、アブも飛んでくるし、蜂にも刺されますよ」

ロッキード事件では、田中元首相は首相時代にロッキード社から五億円を受け取ったとされ、受託収賄罪などの罪で逮捕された。その裁判で、五億円の受け取りを否認していた田中や榎本敏夫《えのもととしお》秘書官らに対してロッキード事件発覚以降に離婚した榎本の妻の三恵子《みえこ》が公判に出廷した。

榎本三恵子は、昭和五十六年十月二十八日の公判で、元旦那の主張を真っ向から覆した。そのことを「蜂の一刺し発言」と言われていた。それを皮肉っての発言であった。

二階と県会の同期生の門三佐博《かどみさひろ》もこのパーティーに参加した。そのとき、田中派の衆議院議員の石井一《いしいはじめ》が参加していた。

兵庫県を選挙区にしている石井は、関西国際空港を地元の神戸沖に持ってきたかった。

石井は、このパーティーでも竹下登らを前にして熱っぽく口にしていた。

「関空は、泉州沖にはさせないよ」

石井のほかにも、兵庫県を地盤とする河本敏夫《こうもととしお》も、神戸沖案で必死に動いていた。

二階も、和歌山県会議員のときから、関西国際空港の実現に熱心に取り組んでいた。

平成六年九月四日にオープンした関西国際空港は、大阪湾内泉州沖五キロメートルの人工島に造られた海上空港だ。

二階は、その実現に尽力していた。

二階の県会議員時代、航空需要の拡大が想定され、拡張余地が乏しく運営時間の制約が大きい大阪国際空港のみでは将来の需要に対処できないとの想定から「関西第二空港」の建設が提起されていた。

関西第二空港の建設計画が進められるにつれて、大阪国際空港では騒音などの環境問題も顕在化してきた。

そのため、関西第二空港の建設にあたっては、これらの要素も考慮に入れる必要があった。

二階は、和歌山県議会で、関西国際空港特別委員会の委員長に就任し、騒音問題や漁業権の問題などに関して、地元の住民や漁民たちとの話し合いや調整にも走りまわっていた。

関西第二空港は、大阪南港沖・神戸沖・明石沖・淡路島・泉州沖などが候補地に挙がっていて、どの地域が選ばれるのかが焦点になっていた。

国際空港は、めったにないビッグ・プロジェクトである。

その地域の選出の国会議員たちは、地元に誘致しようと必死であった。

最終的には、二階の動いた泉州沖が関西国際空港の建設地に選定された。

門が当時を振り返る。

「知事や和歌山市長よりも、二階さんが最前線に立って、奔走していたよ。二階さんがいなかったら、関西国際空港もできなかったかもしれない」

門も、関西国際空港特別委員会対策委員の一人だった。

そのため、二階たちと一緒に、東南アジア有数のハブ空港であるシンガポールのチャンギ空港に視察に行ったこともあった。

## 角栄学校入り、田中の驚愕の教授

十月十二日、二階は、選挙運動の打ち合わせをするため、和歌山市にある連絡事務所に向かった。

到着すると、テレビ局の中継車が三台も四台もに止まっていた。二階はいぶかしんだ。

〈今日は、何かあるのかな〉

二階が連絡事務所に入ると、テレビ局の記者が、声をかけてきた。

「十時に田中さんの判決が出ますので、その感想をカメラに向かって話してください」

なんと、二階のコメントをとるためにテレビ局が集まっていたのである。

二階はとまどった。

〈おれのような新人候補のコメントを取りにくるとは、思いもしなかったな〉

午前十時、判決が下った。東京地裁の岡田光了裁判長は田中に対し、懲役四年、追徴金五億円の実刑を宣告した。首相の職権を利用した収賄事件で、実刑判決が出たのは、初めてのことであった。

二階は、カメラに向かって語りかけた。

「田中先生は、新潟の雪深い雪国から国政に出てこられ、郷土のため、さらには国のために懸命に働いてこられた。これから、この裁判がどのように展開していくのかわかりませんが、裁判は裁判として考え、わたしはこれまでどおり、人間としてお付き合いさせていただきます。どんな立場になろうとも、私は田中先生と何もなかったと、その関係を否定するつもりはまったくありません。今後も、政治家としてのご指導をいただきます」

その後、十一月二十八日、中曾根康弘首相は衆議院を解散した。十二月十八日投票の、いわゆる「田中判決選挙」に突入することになった。

告示の三日前、田中角栄から、二階に電話が入った。

「選挙の情勢を訊きたいから、すぐ上京するように」

紀伊半島南端の新宮市から夜行列車に乗って、目白の田中邸に向かった。

二階は、田中に会うや、自分の選挙活動を伝える地元の『紀州新聞』と『日高新報』を見せた。

田中は、ちらと新聞に眼をやるや言った。

「きみのところの後援会新聞か」

「いえ、町の新聞です」

「ほぉ、こんなにしてもらっていいな」

田中は、二階に訊いた。

「きみの選挙区には、どのくらい市町村があるんだ」

「三十三市町村です」

「そうか。それじゃ、その一つ一つの状況を言ってみろ」

二階は眼を丸くした。

「えっ！　一つ一つですか……」

「そうだ」

二階は、言われたとおり、三十三市町村の状況を一つ一つ報告していった。

田中は熱心に耳を傾け、その一つ一つを点検してくる。

「なぜ、そんなに少ないんだ」

「そうか、そんなに取れるのか」

二階は、そのたびに理由を説明した。

二階は有田郡清水町について報告した。

「清水町の有権者は、四千人ですが、私は、百票しか取れないでしょう」

田中は、ダミ声で訊いてきた。

「百票とは、なんだ！」

二階は説明した。

「ここは、正示啓次郎先生の生まれ故郷なんです。ですから、敢《あえ》て入らないようにしているんです。生まれ故郷の地盤を荒らすようなことは、わたしの性に合いませんからね」

田中は鼻をならした。

「ふーん、そうか。ま、百票だったら、ただの泡沫候補でも取れるな」

二階は思わず苦笑した。

間もなく、三十三市町村すべての点検が終わった。二階は、新人候補のために、わざわざ時間をかけて、一つ一つ点検してくれた田中を心から尊敬した。

〈なんて、頼りがいのある人物《ひと》なんだろう〉

田中は、激励してくれた。

「ここで負ければ、少なくともあと三年間はこれまでと同じように選挙区まわりをしないといけない。

きみも辛いだろうが、おれもそういうことをきみにさせたくない。だから、なんとしても、石に齧《かじ》りついてでも、この選挙で当選させてもらえるよう頑張れ！　おれがきみのために何をすればいいか、なんでも言ってくれ」

二階は、答えた。

「わたしは、県議時代に高速道路の紀南延長を訴え続けてきました。その裏づけをしてもらう意味でも、内海英男建設大臣に来ていただきたいのですが」

内海は田中派の一員であった。

田中は、すかさず言った。

「わかった。内海君に行ってもらおう」

「ありがとうございます。しかし、内海大臣には、どのように連絡すればよろしいんですか」

「きみは、そんなことは心配しなくていい。内海君のほうから、きみのほうに連絡がいくようにしておく」

最後に、田中は念を押した。

「だいじょうぶか！」

二階は初陣に強敵を相手にだいじょうぶなわけはなかった。が、田中派の新人は自分一人ではない。田中に少しでも心配をかけまいと思い、きっぱりと答えた。

「だいじょうぶです」

のちに田中は、このときのようすを再現して二階をひやかした。

間もなく、内海建設大臣の秘書官から連絡が入り、応援に来てもらうことになった。

江﨑真澄、林義郎《はやしよしろう》厚生大臣をはじめ田中派の議員も続々と応援に駆けつけてくれた。

ただ、小沢一郎は、選挙を取り仕切る党総務局長に就任したため、自民党本部で陣頭指揮を執らなければならない。そこで、小沢と同期で仲の良かった羽田孜《はたつとむ》を代わりに応援に寄越《よこ》してくれた。

羽田孜は、小沢一郎と同じ昭和四十四年初当選で、このころ、自民党林政調査会長、総合農政調査会長を経て、「総合農政族」と呼ばれていた。

門三佐博は、このとき、内心はひやひやした気持ちで、二階の応援をしていた。

定数三のところに、保守系候補が四人も出馬し、大激戦が予想されていた。

二階は、広大な和歌山県第二区の各市町村に後援会と事務所をつくり、選挙戦中もまわっていた。

門も、二階の応援のために、ついてまわっていた。

## 選挙戦で徹底的に走りまわる妻・怜子

二階の妻の怜子《れいこ》は、二階の演説は、可能な限り聞いた。お客さんが来ていても、二階の演説が始まると、かならず聞いた。自分も演説をするのだから、亭主が何を主張しているのか知っておかなくてはならない。

二階の演説は、県会議員に出馬したときから上手《うま》かった。話に情があり、聴衆を泣かせた。説得力があった。なにより、和歌山県を思う気持ちが尋常ではなかった。

怜子も、負けずに選挙の応援に駆けずりまわった。

選挙事務所には、「先生日程」「奥さん日程」とびっしりスケジュールが書きこんである。

二階は、県議選に初出馬したとき、怜子に見栄《みえ》を切った。

「女房を街頭へ立たせなきゃならないんだったら、おれは政治をやめる」

その後、怜子は、二階に「どこどこへ行け」と指図されたことはない。

怜子は、そのとき以来、心に決めている。

〈主人は初出馬のときにあんなに偉そうに見栄を切ったのだから、主人の指図では絶対に動かない〉

ただし、肝に銘じている。

〈後援会の人たちと事務所の人たちの言うことは、絶対に聞こう〉

後援会の人も事務所の人も、自分のことではないのに、二階の戦いのために懸命に動いてくれている。

怜子は、後援会の人たちといっしょに本当に走りまわったという。その人たちから「選挙は、二階先生より奥さんのほうが歩いているね」と言われるくらい、徹底的に走りまわった。

## 地元・御坊市の熱気と歓喜の初当選

選挙が公示されて以来、二階は、地元の御坊市に入らなかった。

だが、二階は、投票日の二日前になって、ようやく御坊市に入ったのだ。

夕方になり、御坊市に向かった。門も選挙の宣伝カーに乗りこみ、一緒にまわっていた。

御坊市に入ると、「二階俊博」の宣伝カーの声を聞いた地元の人たちが道に出てきた。

地元の人たちも、いつ二階が地元入りするのか、いまか、いまかとしびれを切らしていたのかもしれない。

どんどん人垣が大きくなってくる。

二階が選挙カーから降りると、聴衆が集まってきて、右からも左からも二階を引っ張ろうとする。

門の息子で、現在、衆議院議員を務める門博文《ひろふみ》も、このとき二階の衆議院選挙を手伝っていた。和歌山大学の学生だった博文は、二階の息子でこのとき十八歳であった俊樹とともに、二階についてまわっていた。

御坊市に入ると、各地域で有権者を前におこなう二階の演説にも力が入った。つい時間が長くなってしまう。

門は心配していた。

〈このままじゃ、いちばん人が集まる夕方から夜の時間に全部の場所をまわれなくなってしまうぞ。なんとか切り上げさせなきゃ〉

門は、二階の妻の怜子に頼んだ。

「奥さん、二階さんに演説を短めにするように言ってくれませんか」

だが、怜子は、からっと笑って言うだけであった。

「門さん、そんなこと言わんと、好きなんだから、気が済むまでやらせてやってくださいよ」

結局、二階は、五万三千六百十一票を獲得し、初当選を飾った。実力者の玉置和郎に次ぐ二位での当選だった。三位には、東力が滑りこみ、現職議員の正示啓次郎は、四位で落選した。

二階当選の報を聞き、門は思った。

〈やった、やったぞ！〉

二階は、当選が決まると御坊市だけでなく、和歌山県第二区内の各市町村の自分の支持者が集まる詰め所をまわった。

東牟婁《ひがしむろ》郡の北山村の詰め所に行こうとしたころには、日も変わり、翌朝の四時くらいになっていた。

北山村は、和歌山県の飛び地で、和歌山県の東の端の新宮市よりさらに北にあった。

北山村で二階を応援してくれた村会議員は、北山村まで二階に来てもらうのは大変だということで、麓《ふもと》まで下りてきてくれたという。

二階は、その村会議員に挨拶すると、新宮市に戻り、大阪のテレビ局の収録に臨んだという。

なお二階は、初当選から十一回、連続当選を続けている。

## 新人議員の一人一人をすべてそらで紹介していく田中角栄

十二月二十六日、国会が召集されることになった。この日朝八時、二階は地元の後援会の幹部数人と共に目白の田中邸に出向いた。当選のお礼の挨拶をするためである。

田中は、開口一番言った。

「おーい、二階君。よく当選したな。たくさんの票を取ったな。良かったな、本当に良かった……」

田中の読みでは、二階は、当選ラインぎりぎりだったのであろう。まるで、自分のことのように喜んでくれた。

しばらくして、田中派新人議員の歓迎会が料理屋で開かれた。田中をはじめ二階堂進《にかいどうすすむ》、江崎真澄、竹下登《たけしたのぼる》、後藤田正晴ら錚々《そうそう》たる顔ぶれが集まった。渡部恒三《わたなべこうぞう》、奥田敬和《おくだけいわ》、羽田孜らの初入閣が決まった夜でもあった。一回生議員は、幹部らと相対する形で座敷に一列に並んで座らされた。

司会役の議員は、口をひらいた。

「それでは、一人ずつ自己紹介をしてもらいましょうか」

そう言い終わるやいなや、田中がいきなり立ち上がった。

「おれが紹介する」

なんと、田中みずから紹介していくというのである。

田中は、一人一人、すべてそらで紹介していった。

「かれは、××県××区選出で、こういう経歴の持ち主だ。かれの公約は、こうだ。対立候補は、××派の××だな」

やがて、二階の番になった。田中は、すらすらと紹介していく。驚いたことに、名前や数字を一つも間違わない。最後に言った。

「二階君は、農林省の局長をやった遠藤三郎先生の秘書を十一年も務めてきたから、長い政治経験を持っているんだ」

二階は照れ臭そうに下を向いた。

## 〝家庭内野党〟もある二階夫妻の分業システム

二階は、結婚したとき、一番最初に怜子に言った。

「仕事のことと、命の別状のあること以外は、すべてお前に任せる」

怜子は、そのとたん思った。

〈ラッキー！〉

怜子は、いろいろなことを口出しされるのが嫌であった。

実際、二階は、一に仕事、二に仕事、三、四が無くて、五に仕事であった。

衆議院議員に初当選してからは、二階は東京、怜子は地元という生活に入った。

二階は、土、日曜日に地元に帰って来ても、家庭にいるより選挙区を走りまわっている。

怜子は、ふと思う。

〈主人は、子供たちがどのようにして成長していったか、知らないんじゃないかしら〉

怜子の耳に、二階が言ったという言葉が入ってくる。

「ウチの女房は、ネジを巻かなくても動くから楽だよ」

怜子には、選挙のときには戦場と化すが、それ以外は二階が東京で動きまわっていて自分は地元でじつに平和に過ごしているという、そういう状況に不足はなかった。

夫婦《ふうふ》喧嘩《げんか》をすることもなかったという。なにより、怜子の興味のあるものと、二階の興味のあるものが、まったくといっていいほど異なっている。したがってぶつかることがない。すべての点で「良きにはからえ」であったという。

上手に棲《す》み分けができていたのだ。

怜子は、二階の仕事に口を出したこともない。選挙のとき以外は、二階の仕事場によほどのことがない限り顔を出さない。

「わたしたちは分業しています」

そう言っている。

ただし、二階は、ときおり怜子に意見を訊くことがある。

「お前は、今回の政策をどう思う」

怜子は、そういうときには遠慮しないで国民の意見として一〇〇％口にする。

「下々の意見としましては……」

二階は、人には口にしているという。

「ウチには、最大野党を抱えていますからね」

## 田中が手がけた議員立法「道路三法」の成立経緯

同期当選組の一人に田中の娘、真紀子の婿である田中直紀《なおき》がいた。そのため、目白の田中邸で、田中を囲む勉強会が定期的に開かれた。

田中は二階らに、いろいろなことを教えてくれた。

「いいか、一生懸命勉強して議員立法を成立させていくんだ。そうやって実力をつけていけば、たとえ一年生議員であろうと、大臣の椅子に座って説明や答弁ができる。マスコミに取り上げてもらおうと、おべんちゃらを言っているようでは駄目だ。政治家は行動しないといけない。行動して、仕事をすれば、マスコミは自然についてくる。政治家のなかには、朝刊を読んで、初めて行動するものもおるが、そんなのは政治家じゃない」

田中は自分の手がけた議員立法「道路三法」について語ってくれた。

道路三法というのは、①道路法、②ガソリン税法（道路整備費の財源等に関する臨時措置法）、③有料道路法（道路整備特別措置法）の三法であった。

田中は、張り切っていたという。

〈道路整備は、戦後日本の大きな課題だ〉

問題は、整備財源をどこに求めるか、であった。

田中は、昭和二十七年当時建設官僚であった井上孝《いのうえたかし》に調べさせた。井上は、のちに参議院議員となり、田中軍団の一員として加わり、国土庁長官などを務めている。田中は井上に指示した。

「アメリカでは、整備財源はどうなっているか、大至急調べてほしい」

井上はさっそく調べてきて、田中に報告した。

「アメリカでは、ガソリンの税金を、道路整備財源に充てております」

田中は、ＧＨＱ（連合国最高司令官総司令部）もその意向であることを察すると、ガソリン税を道路法案の財源に充てることに決めた。

井上も、喜んだ。

「自前の財源で道路を整備するのは、夢でした」

昭和二十三年に独立したばかりの建設省に、その力はなかった。

「田中先生、もし道路三法ができれば、道路整備の基礎工事は、最低限できます。特に、ガソリン税法が通れば、建設省が独自の財源を持てることにより、道路整備の長期計画が立案できます。その意義は、はかりしれないものがあります」

田中は、土建屋上がりゆえに、建設省の連中には親近感を感じていた。今後、地元の橋などを直させるときにも、ただ、「西山町の橋を直せ」と建設省の役人に命じても、動いてくれるはずがない。役人を動かすためにも、建設官僚が動きやすいように、財源をつくることが先決と思っていた。

## 道路三法実現への田中対大蔵省の激闘

しかし、田中の前に、大蔵省が立ちはだかった。大蔵官僚たちは、猛反対した。

「税金を特定の目的に使う『特定財源論』は、予算配分の権限を侵されるから、断固として許すわけにはいかない！」

石油・運輸業界も強く反対した。

「増税は、許さない」

田中は、抵抗が激しければよけいに燃えた。当時、無冠ながらも、数え三十四歳の若い血がたぎったという。

〈かならず、通してみせる〉

昭和二十七年四月、田中は手はじめに、旧道路法の全面改正をはかる「新道路法」を衆議院に提出した。この法案は六月二日、参議院本会議で可決・成立し、十日に公布となる。

次は、懸案のガソリン税法である。二十七年の第十五回国会に提出されたこの法案は、年内に衆議院本会議を通過したが、参議院で審議中、衆議院解散となり、いったんは廃案となった。だが、これに情熱を傾ける田中は、翌二十八年六月、衆議院に再提出する。

依然として強い反対意見に、田中は衆議院建設大蔵連合会で、口髭《くちひげ》をふるわせるようにして、ほとんど一人で熱弁をふるった。

「いままで、表日本偏重の予算投下が長いあいだ続けられ、裏日本とか、裏日本から表日本を横断する道路などが未改良になっております。これらのすべてを整備しなければ、道路整備は終わらない」

田中の脳裏には、雪に閉じこめられたふるさと越後の交通事情の悪さに苦しむ姿が、焼きついていた。ふるさとの格差是正に執念を燃やしていた。

反対派から攻撃があると、田中は煙に巻いた。

「一人あたり道路費に出している額は、ちなみに、インドが三十九円でして」

しかし、大蔵省の追及はさらに続いた。

「ガソリン税法は、建設省の予算折衝のお助けをする法律にすぎないような気がしますが」

田中は、右の拳《こぶし》を振りあげ、顔面を紅潮させ、飛んでくる矢をかわした。

「建設省のためというような甘い考えは、持っておりません！　日本の産業の根本的な再興をするためには、道路整備以外ないのです！」

田中は、逆に、大蔵省側の委員の攻撃にかかった。

「最終的には、国土計画が、大蔵省の一方的な考えでやられることが多い！」

田中は、さらに、局面が困難になると、大蔵省にみずから乗りこんで行った。

若手実務家たち一人一人をつかまえて、説得にあたった。

「きみたち、日本再建の基礎は、道路だ。頼むぞ！」

各個撃破も功を奏し、大蔵省も燃えあがっていった。

田中は、当時、建設大臣であった佐藤栄作にも頼みこんだ。

吉田学校の先輩である佐藤栄作は、大きな眼をぎらりと光らせ、「わかった。きみのために、ひと肌脱ごう」と力を貸してくれた。

ついに、ガソリン税法は、昭和二十八年七月、参議院本会議で可決され、同月二十三日、公布となった。大蔵省側のメンバーは、戦後初めて立法府に敗れ、歯ぎしりした。

〈田中め……〉

田中は、喜びに燃えていた。

〈誰も鈴をつけなかった大蔵省に、ついに鈴をつけたぞ〉

昭和二十七年六月六日に公布となった有料道路法と合わせて、田中がつくった道路三法が、その後の日本経済の発展に大きく貢献したことはいうまでもない。

## 「政治家本来の機能」を示す田中ビジョン

田中は、二階らに強調した。

「みずからの手で立法することにより、政治や政策の方向を示すことこそ、政治家本来の機能である」

前述したように、田中自身がおこなった議員立法は三十三件であるが、メインで動かずとも、なんらかのかたちでかかわった法案までふくめれば、その数はもっと多くなるという。

田中は当選回数についても語った。

「政治家の基準、評価は難しく、やはり当選回数というのが大きくものをいってくる。ときには、抜《ばっ》擢《てき》人事をおこなうが、これは、じつに難しい。抜擢されたものは、喜ぶが、同期や他の人に恨まれてしまう。しかし、知事経験者や事務次官経験者は、一期早く大臣になってもらうからな」

田中は、「選挙の神様」と言われていたが、絶えず選挙について考えていたという。

「昨日、夜中に眼がさめたので、北海道から沖縄まで、わが派の議員の名前を書いて朝までかかって点検してみた。そしたら、これは応援に行ってあげないといけない、この人は役につけてあげないといけない、この人は資金を援助してあげないといけない、といろんなことがわかった。しかし、紙がなかったのでチリ紙に書いた。中身をもちろん見せることはできんがな」

田中は、政治家にとっていかに弁舌が大切かについても語った。

「いいか、政治家の資質は、五十人の前で話ができる人、五百人の前で話ができる人、一千人の前で話ができる人、という具合に分けられる。しかし、五千人の前で話をし、私語をさせないでぴたっと聞かせることができるのは、そうはいない。いまのところ、中曾根康弘と田中角栄くらいなもんだな。きみらも、そうなれるように頑張れ」

田中は、打ち明けた。

「ある夜遅く、おれの家を訪ねて来た野党議員がいる。秘書が明日にしてもらおうと言ったが、おれは素早く応接間にその議員を通すように命じ、服を着替えて応接間に向かった。こんな夜更《よふ》けに、しかも党の違うおれのところを訪ねて来るというのは、よほどのことだ。

その議員は、お金を借りに来た。その金が無ければ大変なことになるのだろう。おれにできることなら、と渡した。だからといって、おれは別にその議員に何も期待はしていないさ。それまで三つおれの悪口を言っていたところを、二つくらいにおさめてくれるだろうさ」

新人の代議士であった二階にとって、一つ一つが役立つことで、将来の栄養になった。

## 昭和五十八年の初当選組「五・八会」が見つめた田中角栄

二階ら自民党一回生は、昭和五十八年に当選したことにちなみ、超派閥の「五・八会」を結成した。奈良県選出の鍵田忠三郎、長崎二区選出で河本派の松田九郎が世話役となった。

あるとき、「五・八会」で各派の領袖を順次招いて話を聞こうということになった。各派の領袖に伺いを立てると、おおむね賛同してくれた。ただし、一回生議員の顔や名前が一致しないため、全員、名札をつけてくれということになった。

中曾根派領袖の中曾根康弘、河本派の前身三木派の領袖であった三木武夫らに話をしてもらった。

田中角栄にも来てもらった。

田中は、ひとくさり話を終えると、おもむろに立ち上がった。一人一人の席をまわって話を始めた。

名札をのぞきこみ、声をかける。

「あんたは、××さんの息子だな。××さんは、元気でやっているか」

「きみは、何度も選挙に挑戦して、苦労してきたな。ようやく当選できて、本当に良かった」

驚いたことに、田中は他派の議員の出身や経歴についても、じつによく知っていた。

二階は舌を巻いた。

〈田中先生はさすがだな。これは、かなわないや〉

田中は自派の議員の席にくると、「ああ、これはうちの人だからいい」と言って飛ばしていった。自派の議員よりも、他派の議員を優先してまわった。これまで、そのような領袖は、一人もいなかった。他派の議員は、すっかり田中の魅力に引き込まれた。田中ファンになってしまった。

やがて、お開きの時間となった。そこで、二階は田中から声をかけられた。

「遠藤先生の奥さんたちは、元気にしておられるか」

二階は小声で言った。

「じつはこのあと、遠藤先生のご家族、それに秘書時代の先輩たちと、この店の別室で遠藤先生を偲《しの》ぶ会をするんです。帰り際に五分でも顔を出していただけますか」

田中は、酔いがまわったのか、顔を赤らめながら、上機嫌で言った。

「なにをいうか。五分といわずに、行こうじゃないか」

二階は田中を連れて遠藤家御一党の待つ部屋に入った。予期せぬスペシャルゲストの飛び入り参加に、みんなは驚いた表情をしている。

田中は、しみじみと遠藤の思い出話を語った。

「遠藤先生は、農林省の役人だったが、官僚に似合わぬスマートな人物《ひと》だったな」

そのころ、店の前で張っていた田中番の新聞記者たちは、「五・八会」の会合が終わっても、なかなか田中が出てこないので、大騒ぎになっていたという。

## 田中角栄倒れる――幻の和歌山応援行

田中はそれから間もなく、二階に言った。

「二階君、今度、おれが地元の和歌山に応援に行ってやるよ」

「地元には、玉置和郎さんも、東力さんもいます」

「かまやしない。おれは行く。一万人は集めろ」

「一万人も入る場所がありません」

「なら、学校の運動場でいい」

「雨が降るかもしれません」

「かまうもんか。傘を差させればいい」

「先生、ありがとうございます」

わざわざ田中角栄がやって来てくれるというのだ。うれしかった。

ところが、その田中の来訪は幻となってしまった。

竹下登や金丸信《かねまるしん》らによって「創政会」が結成され、田中派が分裂し、その挙げ句に田中は倒れてしまう。

政界の首領であった田中は、二度と政治の表舞台に復帰することがなかったのである……。

# 第2章　政治家の萌芽

## 父・二階俊太郎和歌山県議からの基盤

二階俊博《にかいとしひろ》は、昭和十四年（一九三九年）二月十七日、和歌山県御坊《ごぼう》市新町で生まれた。

父親の俊太郎は、明治三十三年（一九〇〇年）十二月二十三日、和歌山県西牟婁《にしむろ》郡三舞《みまい》村久木（現：すさみ町）に生まれた。

俊太郎は、政治に関して特別な背景があったわけではない。東洋汽船の太平洋航路船の乗務員となり、十数回、太平洋を横断する。

その後、筏流《いかだなが》しや農蚕業を経て、母校の安居小学校の代用教員をしていたこともあった。ただし、この時代、外で演説の練習をやっていたというから、そのころから政治家を志していたのかもしれない。

このころは、選挙は、演説で決まっていたほどである。現在と異なり、演説への熱の入れようが違った。

その後、紀伊民報社の記者となり、『紀伊民報』紙の御坊支局主任となる。

さらに、御坊に地元新聞の『日高日々新聞』を創設。その経営にあたった。

その間、当時の県議小池丑之助《こいけうしのすけ》の知遇を得て、県政界に打って出る布石を着々と固めていった。

二階の生まれる前年の昭和十三年三月、三十九歳で県会議員の補欠選挙に立候補して当選した。

俊太郎は、温厚誠実な性格で、争いを好まなかった。人望も厚く、昭和十五年九月、県会議員でありながら、争いの絶えなかった日高郡稲原村《ひだかぐんいなはら》村長に請われて就任。

昭和十八年四月には広瀬永造《ひろせえいぞう》知事、寺島健《てらじまけん》海軍中将、寺井久信《てらいひさのぶ》日本郵船社長の肝入りで中和造船を主体に、郡内木工技術者を広く集めて株式会社御坊造船が設立された。この御坊造船の社長には、俊太郎が就任した。

俊太郎は多忙を極めた。なにしろ県会議員、稲原村村長、御坊造船社長の三役を兼務することになったのである。

県会では生涯の仕事と心身を賭《か》けて努力を重ねた、日高川の若野、野口、六郷の三井堰《いせき》の統合施設を完成させ、日高平野農政史に大いなる功績を残した。

昭和十八年七月一日、将来の二階俊博にとって運命の人となる遠藤三郎《えんどうさぶろう》が、農林省から和歌山県の経済部長としてやって来た。

当時の和歌山県知事広瀬永造が、県会議員であった俊太郎に頼んだ。

「今度、経済部長として来られる遠藤さんという役人は、間違いなく将来偉くなる人だ。県議会の猛者《もさ》たちが潰《つぶ》してしまわないように、きみにしっかり守ってもらいたい」

そういう縁で、俊太郎と遠藤は仲良くなった。

遠藤は、昭和十九年七月に農林省大臣官房文書課に帰って行くが、その後も、二人の関係は続いていく。

遠藤は、昭和二十四年一月の総選挙に初出馬し、初当選を飾るが、その時に出馬の決意をしたという俊太郎への手紙も二階家に残されている。

遠藤と俊太郎の縁から、やがて二階俊博は遠藤の秘書になり、十一年間も遠藤を支え続けることになる……。

俊太郎は、御坊造船社長として、戦時の海上輸送力増強の推進に努めた。最盛期には従業員六百人を超える日高地方最大の企業に成長させた。

二階俊博は、物心がついたころから父親といっしょに遊んだ経験がない。父親がたまに家にいるときでも、関係者が仕事の打ち合わせに来る。

かれらは、食事時でも平気でやって来た。自宅はまるで小さな公民館のようであった。

父親と外に出かけるといっても、いっしょに電車に乗るくらいである。

そして父親は、そのまま仕事に向かってしまう。他の家庭のように、日曜日に父親に肩車されて遊びに行くことなどなかった。

あるとき、家族そろって白浜温泉に旅行に出かけたことがあった。が、それは御坊造船の社員旅行に参加しただけで、とても家族旅行といえるものではなかった。

二階は、子供心に思った。

〈政治家というのは、忙しい仕事なんだな〉

俊太郎は、終戦まで陸海軍の指令で敵前上陸艇や、一〇〇トン木造船の建造に従業員と一体となって努力した。

米爆撃機B29による爆弾の洗礼を受けつつも、製造し続けた。

が、空襲が激しくなった昭和二十年三月、二階一家は、和歌山県日高郡の稲原村に疎開した。

さらに空襲が激しくなり、稲原村からより奥地の大滝川に疎開した。

じつは、大滝川の集落には、かつて電灯がついていなかった。

県会議員である俊太郎が、その地域に電灯を配置し、明かりを持ちこむことに成功した。そこの集落の人たちが、感謝を込めて、俊太郎を誘ったのである。

「おたくの家族の食べ物は、われわれで準備する。ぜひ疎開してきてください」

二階一家は、大滝川の佐々茂平の家に疎開した。

八月十五日、陽射《ひざ》しの強いなか、疎開先の近所の畑の中に家族そろって集まった。

みんなは、台の上に載ったラジオのまわりを取り囲んでいた。ラジオからは、天皇陛下の放送が流れた。

まわりの大人たちは、泣き出す者こそいなかったが、ひどく衝撃を受けたようであった。小学生ながら、深刻なことが起こったことはわかった。

父親は、黙りこんだまま、あえて俊博に説明はしなかった。

天皇陛下は、日本の敗戦を伝えたのであった。いわゆる玉音放送であった。

俊博は、戦争が終わると、最初に疎開していた稲原村を訪ねた。じつは、そこの畑にトマトの苗を植えていたのだ。そのトマトが熟れているころだろうと胸をはずませていた。

ところが、確かにトマトは育っていたが、すでに熟れすぎていて、食べられはしなかった。

二階は、政治家になって農業政策にも力を入れるが、この体験が、その原点であったと振り返る。

## 「御坊」の政治風土の中に育つ

俊博は、疎開先の稲原小学校から、終戦後に御坊小学校に転入した。

一方、父俊太郎の経営する御坊造船であるが、終戦後も、ソ連への賠償船を造るのに忙しかった。

疎開先から御坊に帰ると、俊太郎は、さっそく衆議院選挙への出馬準備に取りかかった。

白浜温泉を開いた実業家の小竹林二が、俊太郎に選挙のために車を提供してくれた。俊太郎にとって、後援者からの車は、戦争でいうと、新型の武器をもらったようなものであった。なにしろ車は県内に何台もない時代である。

かつて遠藤三郎が和歌山県の経済部長として中央から来ていたとき、県としては最高の待遇で迎え、遠藤に車を提供していたが、木炭車であった。それに比べると、俊太郎に提供された車は、いちおうはガソリン車であった。ただし、その車、よくエンストし、動かなくなることも、しばしばであったという。

昭和二十一年三月、戦後初の衆議院議員選挙がおこなわれた。俊太郎は、周囲から推されて出馬した。和歌山全県区は、定数六であったが、そこに、なんと四十八人もの候補者が立候補した。

投票の結果、二階俊太郎は十六位で落選。

俊太郎は、捲土重来《けんどちょうらい》と、次の総選挙に向けて動き始めた。

御坊には、政治好きの人が多かった。

それというのも、御坊からは、衆議院議員の田淵豊吉《たぶちとよきち》を輩出していたのだ。田淵は、日本の政界の大御所である永井柳太郎《ながいりゅうたろう》、中野正剛《なかのせいごう》とならび、「早稲田出身三羽烏《さんばがらす》」と呼ばれていた。

田淵豊吉は、明治十五年二月二十三日に御坊市新町の古い造り酒家「伊勢屋」田淵善兵衛の四男に生まれた。

明治四十一年に、早稲田大学を卒業し、四十二年から大正四年（一九一五年）までアメリカ、イギリス、ドイツ、フランスに留学して政治・経済と哲学を勉強した。

田淵が和歌山県選挙区から衆議院議員に初めて当選したのは、大正九年五月の総選挙であった。満三十八歳のときであった。以来、五回当選する。二十年近い政治生活の間、ついにいずれの政党にも属さず、孤軍奮闘し、ひたすら理想とする政治を追求した。

田淵は、権力に屈せず、つねに国のため国民のためにと活躍したいわゆる哲人政治家であった。女性の参政権、弱者の公費救済、労働条件の改善などを基本政策として議会演説に政治生命を賭けた。

第二次世界大戦に突入するときは、「この戦争は勝てん、やってはいかん！」と主張した。

また、飾ることのない、ありのままにふるまう言動から、俗に「田淵仙人」と呼ばれた。

御坊市とその周辺では、当時の地域住民の大多数から、信頼され親しまれた。選挙が近づくと、自分の稼業を放り出して田淵のために走りまわり、自分たちが選挙資金を出し合ってまで田淵を衆議院へ送りこんだ。

御坊町長に担ぎ出されそうになったこともある。が、「鯨が泉水で泳げるか」といって断ったというエピソードも残されている。自分の使命は、あくまでも国を動かすことであるとの強い信念を持っていたからであった。

御坊のそういう政治好きの多い雰囲気のなかで、二階家には、しょっちゅう支援者たちがやって来た。冬は火鉢を囲むなどして政治について熱っぽくしゃべっている。

支援者の一人が、その人に「××さんはほんとに選挙が好きねぇ」なんて言うと、言われた人は怒っている。しかし、朝から夜まで二階の家に来て騒いでいるんだから、好きには違いない。

俊博は、子供ながらも、一人前に支援者に交じって彼らの熱弁に耳を傾けた。

が、母親の菊枝は、そういう俊博を見つけるや、ただちに声をかけた。

「子供は風の子だよ。そんなところに座っていないで、外で遊んでおいで！」

菊枝は、選挙の大変さを知っているので、子供まで政治の世界に進ませたくなかったのであろう。

父親は別で、次の選挙に走っているとき、御坊の自宅の二軒隣りに保田屋という旅館があり、そこへ俊博を連れて行った。

「和歌山出身の偉い人が来ているから、いっしょに行こう」

旅館には、歴史的人物である野村吉三郎《のむらきちさぶろう》がいた。

野村は、明治十年十二月十六日、現在の和歌山市の増田家に生まれた。のちに親戚の野村家の養子となる。和歌山中学校（現：桐蔭高校）を経て、明治三十一年、海軍兵学校を卒業。

昭和十五年九月、日本はドイツ、イタリアとの間に三国同盟を締結したことから米英との関係が悪化、その年十一月、この動乱期の日米関係改善のため、ルーズベルト大統領とも旧知の間柄で国際派の野村が駐米大使に任じられた。野村は渡米後、ルーズベルト大統領、ハル国務長官との交渉を続けるが、アメリカは対日経済制裁を発動、互いに国益をぶつけ合う帝国主義の世界情勢からも戦火の拡大は不可避の状況であった。

昭和十六年十一月二十六日、ハル国務長官から、強硬な内容の提案、通称「ハル・ノート」が出された。ぎりぎりまで日米関係の打開に死力を尽くしていた野村の願いは叶わず、日本政府はこれを最《さい》後通牒《ごつうちょう》とみなし対米開戦を決意。

十二月八日、日本はハワイの真珠湾を攻撃し、太平洋戦争に突入。野村は昭和十七年、最後の交換船により無念の帰国をした。

野村は、右眼が失明していたが、小学生の俊博にもじつに威厳を感じさせた。

こうした二階の育った〝政治風土〟には父の俊太郎の存在ももちろんあるが、昭和二十一年の十一月、俊太郎に思いもよらぬことが起こった。ＧＨＱ（連合国最高司令官総司令部）から、公職追放を受けたのである。戦時中、村長職は自動的に大政翼賛会の支部長とされた。稲原村村長を務めていた俊太郎も、その罪に問われたのである。

俊太郎は、やむなく県会議員、稲原村村長を離任した。公職追放者は、寄り合いの世話役にもなれない。学校のＰＴＡの役員すらできない。まるで、〝格子なき牢獄〟であった。

そのうえ、さらに追い打ちをかけるように木造船の時代が終わりを告げ、御坊造船の業績が低下した。人員整理することになった。


俊太郎は雌伏の時を過ごすことを強いられた。

俊太郎は毎朝、朝刊が配達されると同時に起床した。

朝刊を開くと、まず追放解除者の欄を確認した。国会議員などの大政治家であれば、追放解除は事前に知らされる。しかし、多くの公職追放組は、新聞によって確認する以外、術《すべ》はなかった。

俊博は、毎朝、そんな父親の姿を見ながら育った。

## 女医としての信念に生きた母・菊枝

一方、母親の菊枝は、当時としては珍しい女医であった。

明治三十二年十一月一日、和歌山県日高郡の龍神温泉で知られる龍神村殿原に生まれた。十何代も続いた医者の家系で、父親の古久保良輔も医者であった。

菊枝は、旧制田辺高等女学校を卒業後、大正八年に小学校の代用教員となった。

ある日、母親のさわが菊枝に嘆いた。

「大勢の子供がいるのに、お父さんのあとを継いでくれる子供はいないものか……」

菊枝は、十二人兄妹の五番目であった。

父親の良輔は、菊枝によく口にしていた。

「人のためになって、死ぬこと」

菊枝は、いつも父親の言葉が頭の中にあった。

大正九年、菊枝は、両親の願いを胸に、当時日本に一つしかなかった女医の養成機関である東京女子医学専門学校（現・東京女子医科大学）に進んだ。

この学校は、吉岡彌生《よしおかやよい》が設立した。吉岡は、明治四年三月十日、遠江国《とおとうみのくに》城東郡《きとうぐん》土方村《ひじかたむら》（現・静岡県掛川市）に、漢方医・鷲山養斎の娘として生まれた。

明治二十二年に上京し、済生学舎（日本医科大学）に入学した。

明治二十五年、内務省医術開業試験に合格し、日本で二十七人目の女医となる。

明治二十八年に再上京し、昼間は開業をしながら夜はドイツ語を教える私塾・東京至誠学院に通学。

その年十月に、同学院院長の吉岡荒太と結婚した。

明治三十三年、済生学舎が女性の入学を拒否したことを知り、その年十二月五日、日本初の女医養成機関として東京女医学校を設立した。明治四十五年に東京女子医学専門学校に昇格、大正九年に文部省指定校となり、卒業生は無試験で医師資格が取れるようになった。

菊枝は、この学校で、吉岡の門下生として「至誠」という「吉岡彌生魂」を受け継いだ。

菊枝は、大正十二年十二月に医師免許状を取得し、卒業した。

その後、「すべての人に真心《まごころ》で」をモットーに、御坊市新町で内科医院を開業した。その当時の日本には、女医は、一千二百名程度だったから、まだ珍しかった。

「古久保先生」「せんせはん」として信頼を集めた。

そのため、菊枝は、夫と同様、忙しい日々を送っていた。

ときには、深夜遅く、「子供が四十度の熱を出した」と患者の母親が髪を振り乱して医院に駆けこんでくる。

車などない時代である。菊枝は、暗い夜道を自転車の荷物台や文化車という人力車のようなものに乗せられ、往診に出かけた。ときには夜道を歩いて出かけることもあった。菊枝は、それでも嫌な顔一つ見せなかった。

菊枝は、絶えず思っていた。

〈病む人々を、一人でも多く慰めてあげたい〉

病気というものは、気持ちの持ちようで左右されることが多い。クヨクヨせず、何事にも前向きの姿勢で生きるように努めることが大切だということを患者には言った。

菊枝は、乳幼児の重症心臓病を早期に発見した。その子供はすぐに手術を受け、一命をとりとめた。その子の母親から感謝された。

菊枝は、そのとき、あらためて、実感したという。

〈お医者さんになってよかった……〉

菊枝は、家庭にあっては特に強い主張はしなかった。が、一家の支柱のような存在であった。

菊枝は、人望も厚く、夫が公職追放中、その身代わりとして、県議選に出馬するよう何度も勧められた。

早合点した地元の新聞社が、「立候補予定者の写真を撮りに来ました」と自宅にやって来たこともあった。

が、菊枝は、固辞し続けた。

俊博は、母親によく言われた。

「一生懸命頑張れば、それなりに世間が認めてくれる。それに見合う生活が自然に与えられる。努力すれば、かならず結果が出る。勉強して、頑張りなさい」

「明治の女」であった菊枝は、その言葉どおり、一生懸命頑張る人であった。

菊枝は、幼い俊博にも「彌生先生」のことをよく口にしていた。

俊博には、その人がどのような人かはわからぬが、はっきりと記憶に焼きついていた。

御坊中学校に進学した俊博は、工作の時間に、木箱を作って提出した。じつは、御坊造船で木造船を製造している職人たちに手伝ってもらったのである。が、鉋《かんな》のかけ方など上手《じょうず》すぎては手伝ってもらったことがすぐにわかるので、わざと下手《へた》に作ってもらうように頼んだ。

俊博は、あるとき、外郭団体の主催する弁論大会のメンバーに選ばれた。俊博は、差別問題を主題とする島崎藤村の社会小説『破戒』を引用し、人権問題について演説した。

俊博は弁が立った。これは、父親の影響によるものであった。稲原村村長であった父親は、戦争中、戦死した英霊が帰ってくるたびに、俊博の通う稲原小学校で慰霊祭の代表として演説をおこなった。

終戦が近づくと、戦死者が増え、それこそ毎週のように慰霊祭がおこなわれる。

俊博は毎回欠かさず父親の慰霊の演説を聞かされた。ただし、終戦のとき、俊博はまだ小学校一年生である。話の内容については、よくわからなかった。だが、演説に重要なメリハリの利かせ方を知らず知らずのうちに身につけていたのである。

なお、母親の菊枝は、昭和二十八年には御坊保健所医となる。

さらに、昭和三十三年には湯浅保健所医となる。住まいのあった御坊から湯浅までは、電車を乗り継いで約一時間もの道のりであった。菊枝は、朝夕のラッシュ通勤を続けた。

昭和五十六年に、八十三歳で退職するまで生涯を地域医療の向上のために尽くす……。

## 日高高校への入学と同校野球部の甲子園出場決定の波紋

昭和二十九年四月、二階俊博は県立日高高校に入学。友達に誘われるまま、バレーボール部に入部した。しかし、上背があるわけでもなく、バレーボールでは先がないと思い、一年で退部した。

二年に進級すると、今度は、新聞部の友達に誘われた。

「新聞を、作ってみないか」

二階は父親が新聞記者をやっていたこともあり、新聞に興味を抱いていた。

「よし、やろう」

二階は学校新聞づくりにのめり込んだ。記事を書き、広告を取り、先生に引率され、大阪まで印刷の校正にも出かけた。全国学校新聞コンクールに出展したこともあった。

そんななか、昭和三十一年二月二日、第二十八回選抜高校野球選考委員会がおこなわれた。そして、この選考委員会で、日高高校野球部は、選抜高校野球大会、いわゆる春の甲子園への出場が決定されたのである。

学校創立五十周年にして、初めてつかんだ甲子園へのキップであった。野球部関係者はもちろん、地元の商店街をはじめ、街全体が歓喜した出来事であった。

昭和二十九年の近畿大会後、前年の四月から野球部の監督に就任していた大江正監督が辞任した。大江監督のあとに就任したのは、長谷川治監督であった。海南中学、明治大学で名選手としてならし、指導者としても名が高かった。

春の甲子園への出場が決まり、野球部の練習は、日に日に厳しさを増した。

長谷川監督は、連日一日五時間もノックの雨を降らせた。練習を見守る地元のファンも日に日に多くなっていった。

当時、エースであった玉置忠男によると、長谷川監督の教え方も良かったという。

ノックのやり方も上手であった。試合の前には、簡単なノックをして、選手たちに上手に処理をさせ、気持ちを乗せる。

また、長谷川監督は、スパルタ式の怒り方はいっさいしなかった。当時当たり前であった殴ったりなどの鉄拳制裁《てっけんせいさい》もなし。

野球部自体も、かつて一部のいわゆる名門校の野球部にみられたような、上級生が下級生をこきつかうような風潮もまったくなく、ノビノビとした雰囲気の部であったという。

また、甲子園出場をバックアップするための、野球部後援会の活動も活発になっていった。

生徒会は、激励費を集めて協力し、生徒会旗と応援旗を作った。また、キャプテンでキャッチャーの田端保雄の母校の大成中学校の生徒、職員たちが先輩の出場を誇りに思って、ポケットマネーをそれぞれ出し合い、「激励の幟《のぼり》」を贈るという微笑《ほほえ》ましい出来事もあった。

学校全体はもちろん、地域をあげて甲子園出場を盛り上げようという機運が高まっていった。

学校では、急遽、応援歌の作成に取りかかった。

応援歌は校内で募集し、作詞は、三年生の最明一の作品が選ばれた。作曲は、音楽を担当する祐田信夫教諭が担当した。

二階は、応援歌の一番の歌詞に心を熱くした。

一、紀和の境に湧く雲の
　影ぞ我等が旗印
　正義の道を完うし
　つづく好敵手も何かせん

前へ我等は腕を組み
健児の意気を知らしめん
我等が母校　嗚呼　日高

## 野球部の応援団結成に粉骨砕身

ここで、もう一つ問題が浮上した。日高高校には当時、応援団がなかったのである。そのため、応援団を結成する必要に迫られたのだ。

その応援団結成に粉骨砕身したのが二階であった。選抜への出場が決まると、当時、高校二年生だった二階は、野球部員たちを激励するため、野球部のグラウンドを訪れた。

レギュラーのうちショートを守る玉置和賢、ファーストを守る藤川博司の二人が、二階と小学校時代にいっしょに草野球をした仲間であった。

二階はエースの玉置忠男、主力打者でレフトを守る三木努、キャプテンでキャッチャーの田端保雄、さらにマネージャーの林宏和らに熱心に頼まれた。

「うちの学校には、応援団がないだろう。甲子園に出場する学校で応援団のないのは、うちだけだ。応援団がないのは、学校の仲間に期待されていないようで寂しい。おれたちには、勝ち抜く力はある。絶対に、一回や二回は勝つ。応援団を結成するよう、呼びかけてくれないか」

二階はこのとき、新聞部の部長を務めていた。二つ返事で引き受けた。

「よし、わかった」

二階は、さっそく学校新聞の社説ならぬ校説を書いた。大見出しをつけ、全校生徒に呼びかけた。

「全校あげて、応援を！」

「応援団の結成を、急げ！」

その甲斐あって応援団結成の気運がしだいに高まってきた。

しかし、応援団の応援方法は長年培ってきた、いわば伝統である。一朝一夕には、できるものではない。

二階は大阪経済大学の教授をしている伯父の古久保五郎に相談をもちかけた。

「日高高校が甲子園に出るんですが、応援団がないんです。どうすれば、できるでしょうか」

伯父は、頭を横に振った。

「やめといたほうがいいよ。一ヵ月やそこらで、できるもんじゃない」

しかし、二階はあきらめなかった。

〈そうは言っても、せっかく友人たちが甲子園に出るんだ。応援団がなければ、選手の意気も上がらないだろう〉

二階は友人や知人に相談して歩いた。

ある友人から、アドバイスされた。

「龍谷大学の応援団長は、日高高校のＯＢの浮津直道という人らしいよ。話を聞いてみたら、どうだ」

二階はさっそく連絡を取り、交渉した。

「応援団をつくりたいのですが、協力してもらえませんか」

「いいだろう。休みの日に教えにいく。うちの大学の空手部の主将の大畑正法も、日高高校ＯＢだ。かれにも声をかけて、四、五人で行く」

「よろしくお願いします」

二階は胸を躍らせた。

〈これで、応援団がつくれるぞ〉

二階は、さっそく仲間に報告した。

「先輩が、応援団の結成に協力してくれる。こっちも早く受け入れ態勢をつくろう。団員を集めようじゃないか」

仲間の一人が、思いついた。

「しかし、待てよ。応援団には団長が必要なんじゃないか」

二階はうなずいた。

「それも、そうだな」

全員、顔を見合わせた。

やがて、視線が二階に向けられた。

「二階、そもそもおまえが言いだしっぺなんだから、その責任をとれよ。おまえが、団長をやればいい」

「えっ！　おれがやるのか」

仲間は、声を合わせて、賛成した。

「そうだ、それがいい」

結局、二階が応援団長を引き受ける羽目になってしまった。

応援団員を募集し、十数人が集まった。

数日後、龍谷大学の応援団長が空手部の主将たち数人を引き連れてやって来た。いよいよ、練習を始めることになった。

応援団長の挨拶のあと、なぜか空手部の主将が瓦を高く積み、息を整え、瓦割りを披露した。

「エイヤッ！」

瓦はみごとに真っ二つに割れた。

二階は体を振るわせた。

〈こりゃ、真剣にやらないと、ぶん殴られるな〉

二階らは和歌山県日高郡美浜町の太平洋をのぞむ煙樹ヶ浜で特訓を受けた。

甲子園では、マイクを使えない。地声が命である。

しかし、浜辺は風が強い。声が、なかなか通りにくい。団員は、声をそろえて懸命に大声を張りあげた。

応援団に加わった城章夫によると、喉《のど》から血が出るほど練習したという。

## ブラスバンドの工面《くめん》とチアガールのアイデア

さらに、四分の三拍子などという、「ワルツ」ともいわれているこれまで聞いたこともない応援方法も教わった。応援団として、なんとかさまになってきた。

だが、校歌を合唱する段階になって、はたと気づいた。

〈何か、物足りないと思ったら、伴奏がないんだ〉

校歌斉唱をより盛り上げるには、ブラスバンドが必要である。しかし、日高高校は、ブラスバンド部がなかった。

二階はひらめいた。

〈御坊中学校に、協力してもらおう〉

二階は御坊中学校時代の担任の先生のもとに出向いた。

「うちの高校の野球部は、御坊中学校出身者が多いんです。ですから、先生も甲子園に応援に来てくださいよ」

「都合がついたら、行くつもりだよ」

二階は本題を切り出した。

「日高高校には、ブラスバンド部がないんです。ついては、ブラスバンド部を貸してもらえませんか。甲子園にいく往復の旅費しか準備できませんが、なんとか協力してくださいよ」

「うーん。おれの一存では、なんとも答えようがないな。校長や教頭に相談してみるよ」

二階は深く頭を下げた。

「よろしくお願いします」

やがて、オーケーの返事がきた。

しかし、二階はまだ何か物足りなさを感じた。

〈応援団は、なんとか形になった。ブラスバンド部も確保できた。しかし、何かまだ足りない。そうだ、女子の応援だ。こうなったら、女子応援団を結成しよう。これなら、甲子園もびっくりするぞ〉

いまでこそ、チアガールの存在はめずらしいものではないが、この当時、チアガールの応援など皆無であった。

二階は女子リーダーの募集を始めた。

だが、なかなか集まらなかった。女友達に声をかけたが、みな嫌がった。

「いやよ。人前でそんなことをすれば、お嫁にいけなくなっちゃう」

二階は、懸命に説得した。

「そんなこと心配するな。一人くらいは、応援団か野球部の誰かが、責任を持つからさ」

なんとか頼み込み、十人の女子リーダーを編成することができた。が、チアリーダーといっても、ズボンの上にセーラー服を着せたような、きわめて地味で穏やかなものであった。だが、この女子リーダーたちは、マスコミの注目を集め、応援団の花形として、大いに取材の的となった。

　こうして、二階は応援団、ブラスバンド部、女子リーダーをまとめあげた。が、二階には、さらに大仕事が残っていた。かれらを甲子園に連れて行く旅費である。二階は奔走し、寄付金集めに走ってまわった。

二階は、それ以外にも、いろいろな細かい打ち合わせや小道具作りなどに忙殺された。そのおかげで時間の都合がつかず、高校生活の思い出となる修学旅行に参加できなかった。

四月一日、いよいよ甲子園が開幕した。

メンバーは、監督が長谷川治、ピッチャーが玉置忠男、キャッチャーがキャプテンの田端保雄、ファーストが藤川博司、セカンドが森本悦次、サードが楠暢太、ショートが玉置和賢、レフトが三木努、センターが入江喜一、ライトが佐野孝文、補欠が曽根三次、井田三喜夫、柳瀬恒三、岡本尚三、野球部の部長が山崎教義、マネージャーが林宏和であった。

日高高校は、いきなり初日の開会式直後の第一試合に富山県の滑川《なめりかわ》高校との対戦であった。開幕試合ということもあり、八万人の大観衆が甲子園には集まり、文字どおり立錐《りっすい》の余地もないほどであった。

　試合開始のサイレンとともに、日高高校野球部のピッチャー、玉置忠男は、第一球を思いっきり、バックネットをめがけて投げた。
一瞬の静寂の後、スタンドはどよめいた。
玉置は思った。
〈これで落ち着き、あとは平常心でプレーできるな〉
試合は、朝から降り続く雨の中で、白熱した投手戦となった。
応援団員は、わずか一ヵ月の急造とは思えぬほど、みごとな応援ぶりを披露した。
一番の応援歌に続き、二番は、いっそう声を張りあげた。

二、黒潮渦巻く南海の
　意気ぞ我等が容姿なる
　毅き目的をいざ踏まん
　集え我等は命負わば
　勝利の道は開かれん
　我等が母校　嗚呼　日高

女子リーダーも、注目の的となった。報道陣が取り囲み、しきりにカメラで撮影している。

二階はほくそえんだ。

〈このくらい盛り上がれば、選手も発奮してくれるだろう〉

試合は、一対一のまま延長戦に突入した。

このとき、それまで小降りであった雨が激しく降り始めた。

延長十回を終えた段階で引き分けとなり、翌日、再試合がおこなわれることになった。

## 予算・人員不足を他校との提携でカバー

二階は頭をかかえこんだ。

〈最悪の結果になってしまった……〉

長谷川治監督や選手たちは言っていた。

「一回戦は、絶対突破できる」

二階も口ではそう言っていたが、本心では勝てるとは思っていなかった。

それゆえ、応援団の旅費も、一回戦で終わるという段取りしかしていなかった。前日の宿泊費は用意していたが、もう一泊するだけの余裕はなかった。

二階は、想定しないパターンに追い込まれた。学校の先生たちも来ているが、正直いって役に立ってもらえない。

二階は、応援団員に向かって頭を下げた。

「みなさん全員を宿泊させる予算がありません。大阪や兵庫に親戚のある人は、そこに泊めてもらってください。そうでない方は、いったん自宅に戻ってください。そしてもう一度、明日、応援に来てください」

しかし、翌日も日高高校は第一試合に組まれている。これが、第二試合、第三試合なら時間的に間に合うであろう。が、朝早い第一試合に電車で駆けつけることなど不可能であった。

一方、先生たちは、その夜旅館で寝ていて、寝言で戦争を思い出すのか、「撃てぇ！」とか寝言でわめく者もいたという。

翌朝、二階は日高高校の応援席側である三塁側のアルプススタンドに入った。開始時間が迫っても、やはりスタンドには空席が目立っている。頼みの綱である御坊中学校のブラスバンド部も来ていない。

〈野球部には、もうしわけないな〉

二階は、ふとスタンドの後方を見た。すると、第二試合に出場する広島商業の応援団がすでに来ていた。

二階は思いついた。

〈そうだ、かれらに協力してもらおう〉

二階は広島商業の応援団長に事情を説明し、話をもちかけた。

「あまりにも寂しいので、鳴り物を協力してくれませんか。その代わり、われわれも第二試合に残って、広商を応援しますから」

話はついた。日高高校応援団は、太鼓を叩き、広島商業応援団は伝統の宮島のしゃもじを打ち鳴らして応援してくれた。

滑川高校との再試合は、前日とはうってかわって絶好の野球日和となった。

この日も試合は白熱した展開であった。日高高校野球部は、六回に相手ピッチャーの球威が落ちたところで外角球を右方向へ狙い打ち、この回四安打を集中し、二点を先制。

そのまま逃げ切り、二対〇で甲子園初勝利を得て、甲子園に日高高校の校歌が響き渡った。

勝利の瞬間、アルプススタンドの三千人の応援団は、狂喜のごとく躍りあがった。

応援旗は大きく打ち振られ、校旗は春風にはためいた。

長谷川監督は、選手たちの肩をやさしく抱き、ねぎらった。

「みんな、よくやってくれたな」

二階は、日高高校野球部の勝利にわくスタンドの応援団たちの姿や、喜ぶ選手たちの姿を見て思った。

〈よかった。応援団結成の苦労も報われたな〉

この試合中、地元では、どの家もラジオの試合中継に耳を傾け、商店街のテレビの前は黒山の人だかりであった。

こうして日高高校は、第二回戦に進んだ。いわゆる春の選抜では数少ない一回戦からの出場（このときの第二十八回大会では八校・四試合）で、みごとに勝利しての、堂々のベスト16入りである。地元も盛り上がりを見せた。応援団を甲子園に送りこもうとさらに寄付金も集まった。

## 応援団長の青春は「ベスト16」での敗退に悔いなし

第二回戦の対戦相手は、優勝候補の東京代表の日大三高であった。のちに、プロ野球の阪神タイガースに入団する並木輝男をエースに擁していた。

当日、二階らがスタンドに入ると、地元の県立尼崎《あまがさき》高校の応援団が試合を終え、帰り支度《したく》をしていた。

二階はスタンドの最前列に置かれている大きな台に眼をつけた。県立尼崎高校のエースは、のちにプロ野球の中日ドラゴンズに入団する今津光男であった。応援にも熱を入れ、応援団のリーダーが動きやすくするため、大きな台を持ちこんでいた。

二階は、尼崎高校の応援団長をつかまえると、頭を下げた。

「この台を、貸してくれませんか」

「いいですよ」

二階は、広島商業応援団に続き、尼崎高校応援団の協力も得ることになった。

日高高校は、優勝候補の日大三高を相手に互角の勝負を展開した。自然と応援にも熱が入った。

二階は、応援団長として、喉が張り裂けんばかりの大声を出した。

応援歌もいっそう熱を帯びた。校歌も熱唱した。

陽はあらた　日高ひろ野に

世の朝の　光を呼ぶよ
われらいま　希望あふれて
こぞりたつ　若き学園
ふみ進む　真理の道は
一すじの　ゆくてを照らす

優勝候補の日大三高が相手とはいえ、日高高校は一歩も引かなかった。

初回には、相手投手の制球難をつき、二点を先制。試合は前半有利に進めたが、四回に、日大三高が集中打と盗塁を絡めて、三点を取り、逆転する。

なんとか逆転したい日高高校。

回が進み、八回の日高高校攻撃時に事件が起きた。

先頭打者のキャプテンの田端保雄が、二塁打を放った。追加点のチャンスである。スタンドは、沸き返った。

ところが、いきなり歓声が溜《た》め息に変わった。

応援団長の二階は、グランドに背を向けている。それゆえ、二階には、事情が呑み込めなかった。

後ろを振り返ると、二塁走者の田端が、すごすごとベンチに帰ってくるではないか。

〈何が起こったのだろう〉

二階は、眼の前にいる観客に訊いた。

「どうしたんですか」

「いやあ、隠し球にあったんですよ」

二階は、さすがにガックリと肩を落とした。走者に気づかれないように野手がボールを隠し、走者が離れたときに触球して走者をアウトにするトリックプレイである「隠し球」を使ったというのだ。

〈やはり都会のチームだな。隠し球を使うなんて、思いもよらないよ〉

この隠し玉が影響したのか、それまで日高高校の押せ押せムードであった試合の流れが、がらりと変わってしまった。

結局、日高高校は、相手を上回る八安打を放つものの、波に乗れず、二対四で惜敗した。

この試合では、ピッチャーの玉置は、相手をわずか五安打に抑える好投をみせ、実力的には互角の内容であったが、試合運びの差が勝敗を分けた。

大会終了後、優秀選手として投手部門で、玉置忠男、外野手部門で、二試合で四安打し、再三の攻守を見せた三木努が表彰された。

二階は、この敗戦に悔いはなかった。

〈やるだけのことはやった。おれは修学旅行にこそ行けなかったが、野球部のおかげで、楽しい青春の一ページを飾ることができた〉

なお、甲子園大会終了後、日高高校応援団は新聞記者などが投票する優秀応援団の一校に選ばれた。

　このときの野球部のメンバーは、エースの玉置忠男がのちに慶応大学に進学し、その後、社会人の大昭和製紙に、ショートの玉置和賢が、新三菱重工業神戸に、ファーストの藤川博司が、日立製作所に、キャッチャーでキャプテンの田端保雄が、富士鉄広畑に、レフトの三木努が、大和證券に、サードの楠暢太が、松下電器に、センターの入江喜一が、日立製作所に入社するなど皆、錚々たるいわゆる一流企業に就職していった。

　エースの玉置は、慶応大学でも野球部のエースとして、東京六大学リーグで活躍した。

　のち中央大学に進学した二階は、六大学の新人戦で、法政大学を相手に玉置がピッチャーとして投げる試合を見に行った。

　なお、二階にとって、この甲子園出場で応援団長として活躍したことは、のちに県会議員選、衆議院選に出馬するとき、大いに役立つことになる。

　当時の甲子園出場者が、のちに言う。

「あの奇跡的な甲子園出場は、二階俊博の政界デビューのためにあったようなものだな」

　なお、選抜終了後の夏の県大会では、日高高校野球部は、決勝戦で新宮高校に〇対三で敗れたため、春夏連続甲子園出場は叶わなかった。

　ただし、甲子園出場のときの二階らの応援団の型は、現在も受け継がれている。さらに、当時の応援団員と野球部員は、いまでも年に一回集まり、当時のことを思い出しながら、酒を酌《く》み交わしている。

## 日高高校の生徒会長選挙に立候補し圧倒的勝利

昭和三十一年春、二階俊博は和歌山県立日高高校の三年生に進級した。

間もなく、生徒会長選挙がおこなわれることになった。日高高校の生徒会長の任期は、四月から九月まで前期、残りを後期として務める二期制であった。

応援団長として獅子《しし》奮迅《ふんじん》の働きをし、そのリーダーシップが認められた二階は、応援団員、野球部員から立候補を勧められた。

「生徒会長選挙に出ろよ。おまえなら、絶対に当選する。おれたちも、一生懸命応援するから」

しかし、二階はあまり乗り気ではなかった。

「無投票なら、やってもいいけどな」

「そんなこと言わずに、出ろよ」

二階は執拗《しつよう》に勧められ、どうしても断りきれなくなった。やむなく立候補した。

立候補者は、二階をふくめ二人であった。投票の結果、二階は圧倒的勝利をおさめた。

それから間もなくのことである。全学連の影響から、県下の各校で授業料値上げ反対運動が起こった。二階のもとに、県下生徒会長会議の通知が届けられた。

二階は顔をしかめた。

〈勉強するための環境を改善しようという趣旨ならいい。だが、授業料の値上げ問題に踏みこみ、なおかつ署名を携えて県知事に直接話をしに行くなんていうのは、本来の生徒会の仕事じゃない〉

県下生徒会長会議の話を聞きつけたのであろう。二階は、やがて松山儀蔵校長から呼び出しを受けた。

校長は、訊いてきた。

「生徒会長会議があるようだが、きみも出席するつもりか」

二階は、きっぱりと言った。

「出席しますが、授業料値上げ反対運動に同調するつもりはありません」

校長は、安堵の表情を浮かべた。

「そうか、よかった。きみも知ってのとおり、今度、わが校は、普通科と商業・工業科に分離することになった。教育委員会にも、県にも、世話になっている。それなのに、授業料値上げ反対運動なんてやってもらったのでは、学校としても校長としても、県に対して困るからなあ」

二階は駆け引きに出た。

「ただ、お願いがあります。授業料値上げ反対運動をしない代わりに、その捌《は》け口として、校内緑化運動をやりたいと思います。金をかけるなら、植木屋に頼めばいい。しかし、金はいっさい使わず、全校生徒の協力で校庭のまわりに花壇を作り、緑を植えるんです。田んぼの畦道《あぜみち》を歩けば、クローバーなどいくらでも生えている。それを、全校生徒でとりに出かけるのです」

「なるほど、いいだろう」

二階は校長のお墨付きをもらうと、すかさず校内緑化運動に取りかかった。

緑を植える花壇には、やわらかい土がいる。そこで、ダンプカーを持っている生徒の父親の協力を得て、山から土を運んできてもらった。

全校生徒が汗を流して花壇を作り、緑を植えた。

二階は苦労して作りあげた花壇を荒らされぬよう看板を立てることにした。しかし、「入るな！」という看板では、いくらなんでもかっこうが悪い。そこで、英語の辞書を引いてみた。「KEEP THE GRASS」という言葉を見つけた。

〈これにしよう〉

二階は看板にその英語を書いて立てた。

## 生徒会対『紀州新聞』との紛争挿話《エピソード》

生徒会には、使える予算があった。うんと費用のかかる分野には百万円単位で予算配分していた。不満を持つ者が、校内の新聞に書きたてた。

「生徒会長は、予算をスポーツに傾斜し過ぎている、横暴だ」

さらに火が点《つ》いて、町の日刊新聞である『紀州新聞』にも書く、という動きが起こった。『紀州新聞』の社長は、町の大ボスである。

二階は、『紀州新聞』に乗りこんで行った。

社長と面と向かい合った。

「生徒会のことを、町の新聞に書くべきではない。どうしても、書かれるつもりですか」

「……」

二階は啖呵《たんか》を切った。

「書くなら、こちらも徹底的にやらしてもらいます」

「何をやるというんだ」

「不買運動をやる」

社長も、さすがにそれには驚いたようだった。

結局、社長も腰が引けたのか、『紀州新聞』に書くことは断念した。

が、その後『紀州新聞』の社長は、二階が中央大学に進んでから、無料で新聞を送り続けた。

## 日本復権を示す学校祭での国旗掲揚と国歌斉唱

初夏を迎え、学校祭がおこなわれることになった。二階は、その際、あることを考えていた。国旗掲揚と国歌斉唱である。

二階は小学校のころから不満に思っていた。

〈世界中のどこの国にも、その国の象徴としての国旗があり、国歌がある。それなのに、なぜ入学式や卒業式などの記念すべき日に、日の丸を掲げてはいけないのか。「君が代」を歌っては、いけないのか〉

二階はひそかに準備にかかった。極秘裡《ごくひり》に全校生徒に根回しをした。

「学校祭当日の開会式で、国旗掲揚と国歌斉唱をする」

しかし、校庭には国旗を掲揚するポールがなかった。そこで同級生の父親の原見柳に約一五メートルほどの檜づくりのポールを作ってもらった。

さらに、親しかった音楽の祐田信雄先生に頼み込んだ。

「学校祭当日、開会式で『君が代』を斉唱します。そのとき、タクトを振ってくれませんか。しかし、そのことは、職員会議などでうるさいかもしれませんが、生徒会から頼まれたと言ってください」

国旗掲揚と国歌斉唱をすることが前もって発覚したら、大変なことになる。そんな時代であった。

音楽の祐田先生は、理解を示してくれた。

「わかった。タクトを振ることが、音楽教師の務めだ」

いよいよ、その日がやってきた。学校祭の開会式の時間になると、先生たちが職員室から校庭に出てきた。

校庭には、昨日までなかった国旗掲揚の立派なポールが立っている。みんな唖然《あぜん》とした表情で見つめていた。

進行担当の生徒が、号令をかけた。

「国旗掲揚台に向かって、回れ右！　国歌斉唱！」

生徒たちは、いっせいに回れ右をした。

しかし、まったく動こうとしない同級生が二人いた。二階は不思議に思った。

〈どうして、この二人は、回れ右をしないのだろう〉

二階はその二人と仲が良かった。文句があるなら二階に面と向かって言ってくるはずである。が、それもなかった。

のちに、二階は彼らが左翼にかなり傾いていたことを知る。二人は主義主張において、当時から目覚めていたのであろう。一人は、のちに共産党の和歌山市議になった。いま一人は、のちに校長になる。が、校長になるころは左翼的でなくなっていた。

## 中央大学への進学と「六〇年安保闘争」の衝撃

秋を迎え、本格的な受験シーズンが到来した。が、二階は自分の将来について、それほど深く考えていなかった。

周囲は、「お父さんのあとを継いで、政治家になれ」「お母さんのあとを継いで、医者になれ」とやかましく言ってくる。

しかし、二階は政治家になるつもりはまったくなかった。

昭和三十年四月、公職追放を解除された父親の俊太郎は、県議選に出馬した。が、落選していた。

祖母の加津とすれば、息子と同じ苦労を孫にも味わわせたくないのであろう、二階は祖母からも言われた。「政治の道なんか、やめたほうがいいよ。家の者は、みんな苦労するんだから、大変だよ」

二階も思っていた。

〈たしかに、政治家はあまり魅力のある仕事ではないな〉

そうかといって、二階は、母親のように医者になるつもりもなかった。母親を見ていると、めったに休みがとれない。深夜でも平気で診察をさせられる。わりに合わない仕事だ、と思っていた。

それに二階は医者の息子でありながら、注射が大嫌いであった。自分が嫌いなものを、他人《ひと》にすることなどもってのほかだった。

二階は、漠然《ばくぜん》と考えていた。

〈どこかの企業に入って、サラリーマンにでもなろう。大学は、どこでもいい〉

二階は地元和歌山から近い立命館や同志社など京都の大学を受験しようと考えた。

が、新聞部の顧問の津本誠一郎先生のひと言が、妙に心に引っかかっていた。

「男なら、箱根を越えないといけない。関西にも立派な大学はたくさんあるが、できれば東京に行ったほうがいい。政治家や、経済人、文学者など、いろんな人に会える。講演も聞ける。それもまた、勉強の一つだ」

二階はその言葉に影響され父親が学んだ東京の中央大学の法学部政治学科を受験することにした。

が、母親の菊枝は、中央大学法学部政治学科への受験に賛成しなかった。

「おまえも政治の道へ進むのでは、と心配になってな……」

母親も、俊博が夫のように選挙で苦労する姿を見たくなかったのである。

二階は、こうして、昭和三十二年四月、中央大学法学部政治学科に入学した。

中央大学時代、二階には心に残る三人の教授がいた。

一人は公明選挙連盟理事を歴任し、昭和三十四年に急逝する川原吉次郎教授である。川原教授は生前、語っていた。

「満員電車の状況を体験したものでないと、本当の政治は語れない」

国会議員は、大きな車の後部座席にふんぞりかえって座っているイメージのあった時代である。それだけに、二階には、川原教授の言葉がひどく胸に残った。

小松春雄教授の人情味、人間味あふれる西洋政治史の名調子の講義も印象的であった。

二階が特にショッキングだったのは、中央大学に講師として招かれ、大衆文化を講義してくれた社会学の樺俊雄教授であった。

昭和三十五年一月に全権団を率いて訪米した岸信介《きしのぶすけ》は、アイゼンハワー大統領と会談し、新安保条約の調印と同大統領の訪日で合意した。新条約の承認をめぐる国会審議は、安保廃棄を掲げる社会党の抵抗により紛糾。五月十九日には日本社会党議員を国会会議場に入れないようにして新条約案を強行採決したが、国会外での安保闘争もしだいに激化した。

政府の強硬な姿勢を受けて、反安保闘争は日ごとに反政府・反米闘争の色合いを濃くしていった。

国会周辺は連日デモ隊に包囲され、六月十日には大統領来日の準備をするために来日した特使、ジェイムズ・ハガティ新聞係秘書（ホワイトハウス報道官）の乗ったキャデラックが東京国際空港の入り口でデモ隊に包囲されて車を壊され、ヘリコプターで救出される騒ぎになった。岸は「国会周辺は騒がしいが、銀座や後楽園球場はいつもどおりである。わたしには〝声なき声〟が聞こえる」と沈静化を図るが、東久邇稔彦《ひがしくになるひこ》、片山哲《かたやまてつ》、石橋湛山《いしばしたんざん》の三人の元首相が岸に退陣勧告をするに及んで事態はさらに深刻化し、アイゼンハワーの訪日は中止となった。

さらに六月十五日には、国会構内では警官隊とデモ隊の衝突により、樺教授の娘の東京大学の学生である樺美智子が圧死する事故が発生。混乱のなか、六月十八日深夜、条約は自然成立。六月二十一日には批准、昭和天皇が公布した。新安保条約の批准書交換の日の六月二十三日、混乱の責任を取る形で岸は閣議にて辞意を表明する。

樺教授は、娘の死という悲しみを乗り越え、その後も講義を続けた。

ノンポリであった二階は、デモ隊に参加はしなかったが、樺教授にどのように慰めの声をかけていいのかわからなかった。

## 妻となる下田怜子との東京での交際

二階の妻となる下田怜子《しもだれいこ》は、小、中、高と二階と同じ学校であった。

昭和十六年一月十日生まれで、二階より二歳年下だったので、彼女が中学校一年生のときは、二階は三年生、高校に上がってからも、彼女が一年生のときは、二階は三年生であった。二階は、中学生のときは、生徒会長だったり、高校では応援団長をしていたり、卒業式で答辞を読んだりしていて目立っていたので、よく知っていた。ただし、直接に話したことはなかった。

怜子が共立女子大に入学して入学式に上京するとき、二階の父の俊太郎が彼女の父親に言ってきた。

怜子の父親の守蔵は、二階家といっしょの御坊で材木屋をしていて、二階の父親とは親しかった。

「俊博が東京に行ってますから、迎えに行かせて案内させます」

怜子が母親といっしょに東京駅に着くと、二階がホームに迎えに来て待っていた。

怜子が二階と話したのはこのときが初めてであった。

二階は、それから怜子と母親を怜子がこれから通うことになる神田の共立女子大に案内した。

二階は、怜子の母親が東京にいる間は、毎日東京中を案内してまわった。

怜子の母親は、怜子に二階のことを「本当に優しい人ね」と連発していた。銀座や皇居などの案内に感じいったのだろう。

じつは、二階の通う中央大学も、怜子の通う共立女子大も神田にあった。

二階は、怜子に言うようになった。

「神保町の都電のあたりで待っていてくれ」

二階は、当時、文京区初音町の後楽園近くに下宿していた。

怜子は、芝白金に下宿していた。二人は、日比谷公園をはじめ、東京中をよく歩き、語り合った。

怜子は、中学時代から二階の弁論を聴いていたし、二階は生徒会長をしていたし、二階の父親は県会議員をしていたから、二階もいずれ政治の世界に進むだろうと思っていた。

# 第3章　権力抗争の舞台裏

## 「池田内閣のヌーベルバーグ」江崎真澄への興味

二《に》階《かい》俊博《としひろ》は、やがて大学四年生となり、就職シーズンを迎えた。が、国内は安保改定の嵐が尾を引き、学生は就職難に陥っていた。

二階は思った。

〈このまますぐに就職せず、この際、一年遊んでやれ。まだ若いし、一年くらいの遅れはどうにでもなる。さて、何をしようか〉

そんなある日のことである。

二階は文京区公会堂で開かれた自民党の大演説会にぶらりと立ち寄った。

江崎真澄《えさきますみ》、中曾根康弘《なかそねやすひろ》、安井謙《やすいけん》、中村梅吉《なかむらうめきち》らが、三千人の聴衆を相手に次々と演説をぶった。

なかでも、江崎と中曾根の演説のうまさは秀でていた。安保改定で混乱している世相を、わずか二十分たらずの持ち時間で、快刀乱麻を断つごとくバッサバッサと切っていく。三千人の聴衆は、すっかり魅了されてしまった。

二階は興奮した。

〈すごい。安保をめぐっての大混乱のなかで、国の将来の展望をみごとに指し示す政治家とは、偉いもんなんだな〉

演説会終了後、二階はそのまま神田の本屋に向かった。江崎真澄にひどく興味を抱いていた。

ある雑誌を開くと、江崎のことが載っていた。江崎は、小沢佐重喜《おざわさえき》、遠藤三郎《えんどうさぶろう》らと、岸《きし》内閣の外相を務めた藤山愛一郎《ふじやまあいいちろう》を領袖《りょうしゅう》とする藤山派を近く旗揚げすると書かれている。

二階は、胸を躍らせた。

〈よし、江崎先生の秘書をやらせてもらおう。政治家になるつもりはないが、政治の側から世の中を見てみるのも勉強だ〉

江崎真澄は、大正四年（一九一五年）十一月二十三日、愛知県一宮市に生まれた。

旧制私立東邦商業中学から旧制第八高等学校に入学。が、八高に入ってすぐに肺結核にかかってしまった。闘病生活中に小説を書き始める。

昭和九年（一九三四年）、雑誌『改造』の懸賞小説に、恋愛小説『長良』を応募し佳作となる。そのとき、同じ佳作には、石川達三の『蒼氓《そうぼう》』がある。石川のこの作品はなんと、第一回芥川賞を受賞する。

江崎は、八高中退後、日大経済学部に入学し直した。

昭和二十一年、戦後初の衆議院選挙に鳩山一郎《はとやまいちろう》の自由党から初出馬し、当選した。三十歳であった。

初当選以後、自由党に属し、吉田茂《よしだしげる》内閣の幹事長、総務会長を務める広川弘禅《ひろかわこうぜん》の四天王の一人となって、田中角栄《たなかかくえい》とともに活躍。保守党のホープと目されていた。

昭和三十五年七月、四十四歳の若さで、第一次池田《いけだ》内閣の防衛庁長官として初入閣した。江崎は、広川、緒方竹虎《おがたたけとら》に可愛がられ、緒方亡きあとの私淑者砂田重政《すなだしげまさ》の推薦での初入閣であった。

この江崎の初入閣は、「池田内閣のヌーベルバーグ」と騒がれた。

砂田は、江崎を誉《ほ》めて言った。

「河野《こうの》一郎《いちろう》君とは対照的ながら、やはり河野君と同じように大をなす」

江崎は、昭和三十五年、藤山派結成と同時に、岸信介《きしのぶすけ》の勧めで、同派に入っていた。

ちなみに、現在、二階派所属の自民党の衆議院議員である江崎鐵磨《てつま》は、江崎真澄の三男である。

## 遠藤三郎との出会いと藤山愛一郎への紹介

二階は、さっそく郷里和歌山県にいる父親の俊太郎に連絡をとった。

俊太郎は、昭和三十四年四月、自民党非公認の悪条件のまま県議選に出馬し、十数年ぶりに県議に返り咲いていた。

二階は父親に頼んだ。

「よく子供のころから話してくれた遠藤先生を、紹介してもらえませんか」

遠藤三郎は、明治三十七年（一九〇四年）四月十五日、静岡県駿東《すんとう》郡裾野《すその》町甚山（現：裾野市）に、農業・遠藤儀一の五男として生まれた。

静岡県立沼津中学校、第一高等学校を経て、昭和五年三月、東京帝国大学法学部法律学科を卒業し、翌年四月から農林省に入省した。

昭和十八年和歌山県経済部長となる。昭和十九年に農商省に帰り、生活物資局監理課長、綜合計画局参事官を務めた。

戦後は、内閣調査局調査官、内閣参事官、農林省官房会計課長、総務局長、畜産局長などを務め、昭和二十三年九月に退官した。

昭和二十四年一月、第二十四回衆議院議員総選挙で静岡県第二区に民主自由党から出馬し初当選。昭和三十三年には建設大臣に就任していた。このとき、当選連続六回を飾っていた。

父親が訊いてきた。

「紹介することに、やぶさかでない。しかし、何をお願いしに行くんだ」

二階は、素直に打ち明けた。

「じつは、江﨑真澄先生の秘書になりたいんです」

父親は、大声を上げた。

「なんだ！　秘書だと……」

「ええ、遠藤先生に、江﨑先生を紹介してもらいたいんです」

父親は反対した。

「悪いことはいわない。秘書なんて、やめたほうがいい。秘書は大変な仕事だぞ。その政治家に心底惚《ほ》れ込まないと、努まらん」

二階は答えた。

「いや、長くやるつもりはないんです。一年でいい。そのあとは、どこかの企業に就職するから」

「そうか。いずれにしても、遠藤先生に会うことは、悪いことではない。紹介するから、会いに行ってこい」

まず、二階の父親が遠藤事務所にやって来た。そのとき秘書であった矢田保久は、初めて二階の父親に会っている。

遠藤は、二階の父親について語っている。

「俺が戦争中和歌山県庁に経済部長で行ったとき、二階さんにはずいぶんと厄介《やっかい》になった」

矢田は大正四年十一月三十日生まれで、二階俊博より二十四歳年上であった。

二階俊博は、その直後、遠藤のもとを訪ねた。矢田の記憶によると、そのとき二階はまだ学生服であった。

遠藤は、その直後、二階の父親から事情を聞かされたのであろう。あっさりと引き受けた。

「よし、わかった。江﨑さんに言っておいてあげるよ」

「よろしくお願いします」

まもなく、二階の後楽園球場近くの下宿先に遠藤から電話があった。

「秘書の件だが、江﨑さんは、ついこのあいだ、やはり秘書になりたいという地元後援会の有力者の子弟を断ったばかりだと言うんだ。その矢先に、きみを雇うわけにはいかないだろう」

二階は答えた。

「そうですか。残念です」

遠藤は続けた。

「そこでだが、藤山愛一郎さんは、大物政治家だ。近い将来、絶対に総理大臣になる。その藤山さんの秘書になったら、どうか」

二階は唐突に言われ、迷ってしまった。

〈どうしようか〉

が、乗りかかった船である。

覚悟を決めた。

「わかりました。それで、どうすればよろしいでしょうか」

「きみのお父さんの意思も確かめないといかんだろう。お父さんに上京してもらって、三人で藤山さんに会いに行こう」

藤山愛一郎は、明治三十年五月二十二日に、東京・王子に王子製紙専務取締役藤山雷太《らいた》の長男として生まれる。

慶應義塾大学政治学科に進むが、大正十年に病気療養のため中退し、父親が築いた藤山コンツェルンの後継者として大日本製糖社長となる。

藤山は政界入りする前、大日本製糖、日本化学、蔵王鉱業、日東製紙の四社を中心に十数社による藤山コンツェルンの総帥であった。昭和十六年に四十四歳の若さで日本商工会議所会頭のポストにも就き、財界トップの座にあった。

戦後の連合国軍の占領下で公職追放となるが、昭和二十五年に復帰。翌年に日商会頭に再任され、その後、日本航空の初代会長にも就任。その一方で経済同友会代表幹事などを歴任した。

昭和三十二年の岸内閣（第一次岸改造内閣）発足によって、民間人ながら当時は盟友だった岸信介に請われ、外務大臣に就任。

外務大臣就任の翌日、評論家の大宅壮一の言葉が新聞に載った。

「絹のハンカチから雑巾《ぞうきん》に」

同時に日商会頭をはじめとする二百二にも及ぶ経済界の要職を辞任した。

翌昭和三十三年の第二十八回衆議院議員総選挙には自民党公認で、横浜市を基盤とする神奈川県第一区から出馬。初当選を飾っていた。外務大臣として、日米安保改正に取り組み、日米地位協定制定などに奔走した。

## 藤山をバックアップする岸信介の満州での辣腕の足跡

藤山をバックアップする岸信介は、明治二十九年、山口県山口市に生まれた。のちにやはり総理となる佐《さ》藤栄作《とうえいさく》は、実弟である。郷土の先輩である吉田松陰と門下生である長州の志士たちへの熱い思いを抱いて、青春期を送った。

大正六年、東京帝国大学法学部に入学。天皇主権説を唱える憲法学の大家で、国粋主義者の上杉慎吉博士主宰の「木曜会」に入る。

岸が国粋主義に興味を持ち、理論的に勉強したのは、上杉教授に出会ってからであった。岸は、上杉教授に大学に残るよう懇望された。が、岸は断り、大正九年に大学卒業後、農商務省に入省した。やがて商工省の切れ者官僚として頭角を現わし、工務局長を務めた岸は「革新官僚」と呼ばれた。

二・二六事件の起こった昭和十一年、満州に駐屯《ちゅうとん》の日本陸軍部隊である関東軍に望まれて、「満州国」実業部総務司長として満州に渡った。

満州では、資源開発にあたった。満州国の官吏は官僚の仕事だけでなく、政治的な考慮も加えなければならなかった。が、日本から官僚が渡満した当初は、関東軍が政治・行政のいっさいを握っており、役人は、その下に押さえつけられていた。

岸は、満州に渡ったとき、満州事変の首謀者の一人である関東軍参謀長の板垣征四郎《いたがきせいしろう》に面と向かって言った。

「満州国経営の基本に関しては、関東軍が考えればいい。われわれは、それに従っていく。しかし、日常の行政の本体は、われわれに任せてもらわないと困る。関東軍の若い軍人が行政にいちいち干渉してくるということは、軍人の威信にもかかわる問題だ。軍人は、もう少し大所高所で満州国における統治ならびに治安というものを考えてもらいたい。われわれが商売、実業をやる」

板垣も、これを了解した。ただし、満州で事業をやるということになると、官僚の力では無理である。そこで、日産コンツェルン創設者で岸の親族でもある鮎川義介《あゆかわよしすけ》も満州にやって来て、昭和十二年十二月、満州重工業開発を設立。鮎川を総裁とした。

そのほかにも、財界の優秀な人材を集め、しだいに満州は国家としての形を整えるようになった。岸は、「満州産業開発五ヵ年計画」を立案。政治・行政の基本を形づくる仕事をおこなった。

なお、当時の満鉄総裁で、のちに外務大臣として日独伊三国同盟を推進する松岡洋右《まつおかようすけ》も岸の近い親族である。関東軍参謀長であった東条英機《とうじょうひでき》、国務院総務長官の星野直樹《ほしのなおき》、松岡洋右、鮎川義介とともに「二キ三スケ」と謳《うた》われる満州国支配の実力者となった。

岸信介は、昭和十四年十月、帰国する。岸は、商工省の次官になるが、本省からそのまま上がってきて次官になった者とは、経験からいっても違っていた。

岸は、昭和十六年十二月、商工大臣として太平洋戦争の開戦詔書に副署した。以後、軍需行政の最高指導者として、また、戦時統制経済の責任者として足跡を残した。

岸は、昭和十七年に、山口県二区から衆議院議員に当選した。昭和十八年には、軍需大臣も兼任していた東条の内閣で、軍需次官兼国務大臣となり、軍需生産行政を推進した。が、戦局悪化にともない「反東条」に転じ、東条内閣総辞職のきっかけをつくった。

## 「巣鴨プリズン」にあった戦後の岸の原点

岸は、敗戦後の昭和二十年九月、A級戦犯として逮捕される。

敗戦直後、GHQ（連合国最高司令官総司令部）から逮捕令状が出た岸は、まず横浜拘置所《こうちじょ》に収監された。

マッカーサー元帥は、日本を占領した。日本の主権が完全にアメリカの制限下に置かれ、マッカーサーが主権者として君臨していた。この状況を巣鴨《すがも》拘置所、いわゆる「巣鴨プリズン」からのぞくと、日本各界のイエスマン、つまりマッカーサーのご機嫌をとる者ばかりが取り巻いていた。岸とすれば、反米的な気持ちが強かった。

岸にいわせれば、マッカーサーの占領政策は、日本をいかに弱体化させるか、再び立ち上がらせないようにするかが、そのすべてであった。

岸は、戦争責任ということに関しては、アメリカに対して戦争責任があるとは少しも思っていなかった。しかし、日本国民に対しては、また日本国に対しては、開戦にあたってはみずから詔書に副署をしているし、しかも、戦争に敗れたという責任は自分たちにもあると思っていた。

岸は、「獄中日記」（後年「資料岸信介巣鴨獄中日記」として『中央公論』掲載ののち『岸信介の回想』に所収）の中で、マッカーサー元帥の占領下で日本人が過去のあらゆるものを捨ててアメリカナイズされていることを嘆いている。

岸は、マッカーサーには非常な反感を持った。マッカーサーは、難しいことをいい、日本人はなっていないから啓蒙《けいもう》するという、何か高いところからお説教するような調子があった。

岸の「獄中日記」からは、岸がアメリカへの強い不信感を持ちながら、同時に中国大陸の赤化（共産化）という問題に強い関心を持っていたことがうかがえる。また、米ソの冷戦の推移にも非常に関心があったが、巣鴨プリズンを出たあとは、アメリカに対する反発よりも、ソ連に対する反感が強くなっていく。

ソ連は、日本の分割占領を主張した。アメリカが分割占領をしないということで日本は難を逃れた。しかし、北海道は別にして、北海道に付属する国後《くなしり》、択捉《えとろふ》、歯舞《はぼまい》、色丹《しこたん》の四島はソ連に持っていかれた。

満州についても、ソ連のやり方はひどかった。終戦間際になってソ連は満州に侵入してきたが、岸らが知っている満州の役人連中をすべて捕まえてシベリアへ連行した。満州におけるソ連軍の暴虐なやり方をシベリアから帰ってきた者たちから聞くと、岸のソ連への反感がさらに強くなった。それだけに、ソ連に対抗するには日本の力だけではどうにもならない、アメリカを利用してやっていく以外に方法はないという考え方になった。

岸の戦後の反共主義は、ここが原点かもしれない。

岸は、戦犯容疑で入れられた巣鴨プリズンで、のちかかわりを持つ右翼の大立て者、笹川良一《ささかわりょういち》、児玉誉士夫《こだまよしお》らと知り合う。

## A級戦犯の岸が早々に未起訴のまま釈放の〝不思議〟の解明

岸は、昭和二十三年十二月二十四日に、早々と未起訴のまま釈放されて不思議がられていた。

筆者が、小泉純一郎《こいずみじゅんいちろう》の後見人であり、第一次小泉内閣で財務大臣を務めた〝塩爺〟こと塩川正十《しおかわしょうじゅう》郎《ろう》から聞いたところによると、岸は塩川らにこう答えたという。

「吉田内閣時代（の昭和二十二年）に『二・一ゼネスト』を、マッカーサーが止めただろう。マッカーサーは、理想主義者だったから、二・一ゼネストは労働問題くらいにしか考えていない。『こんなものは止めたらしまいだ』という認識だった。でも、アメリカの共和党を中心とした国会議員のなかでは、大変な問題だった。これをほっといたら、日本は大変な内乱になるという危機感を抱いていた。吉田茂で、はたして日本を平和国家として独立させてやっていけるのかどうかというのが、アメリカの議会で問題になった。そのとき、おれは巣鴨プリズンにおったんだ。吉田のあとをだれにやらすかということだが、政治家としての判断はいいけども、行政的統治能力は薄い。そこで、おれに目をつけたんだろう。アメリカは、おれをジッと見ていた。おれは、極東裁判で一つも尋問されてない。おれ自身、『なんで、ほかの戦犯のようにやられないんだろう』という疑問は、多少持っていた。そこへ、だんだんとアメリカでも吉田に対する批判が高まってきた。いまは進駐軍がいるからいいけども、やがて進駐軍が引き揚げたとき、左右の対決のバランスが崩れるかもわからない。そこで、保守のリーダーとしておれに白羽の矢が立てられ、早々と釈放されたんだ」

岸は、巣鴨プリズンからは出たものの、すぐには政界に復帰できなかった。公職追放になったのだ。

昭和二十七年四月、講和条約の発効とともに、公職追放解除となる。

岸は、昭和二十八年四月の総選挙で山口二区から出馬し、当選。政界に復帰した。

同年十二月、自由党総務会は党内につくられる自由党憲法調査会の会長に岸を据《す》えることを決めた。

昭和二十九年十一月には、鳩山一郎を総裁とする民主党を結成。岸は幹事長に就任した。

岸は民主党幹事長として、昭和三十年十一月十五日、民主党と自由党の「保守合同」を推進し、自由民主党を結成。翌三十一年には、石橋内閣の外務大臣に就任した。そして、ついに昭和三十二年二月二十五日、政界復帰わずか四年にして、最高権力の座に就いたのである。当選は、戦前一回。戦後はわずか二回生にして、六十歳での総理就任であった。

## 江﨑・遠藤・小沢佐重喜の三人が中心となった「藤山派」

昭和三十三年初春、衆院予算委員長をやっていた江﨑真澄は、岸総理に呼ばれて、言われた。

「今後、藤山さんに協力してほしい。自分のところからは遠藤君を出す」

二階がのちに江﨑から聞いたところによると、その席には藤山もいたという。

岸総理が帰ったあと、江﨑は藤山に覚悟のほどを聞いた。

「あなたと一緒にやれ、ということですが、途中で放り出されるようなことがあっては困る。本当に政治をおやりになりますか」

藤山は、父親の話などをして、強い信念を示した。

江﨑は、その後、遠藤や尊敬する小沢佐重喜《おざわさえき》にも相談、藤山と行動を共にするようになるのだが、藤山派の運営はほとんどこの三人が中心になってやった。

なお、小沢佐重喜の息子が小沢一郎《いちろう》である。

## 岸退陣からの混乱と藤山の総裁選出馬

岸信介は、安保改定をなし遂げるや、昭和三十五年六月二十三日、退陣を表明した。次の総理を誰に決めるかで、岸派はおよそ四つに分かれる。二階がのちに江崎真澄から耳にしたところによると、筆頭奉行格の川島正次郎《かわしましょうじろう》は、大野伴睦《おおのばんぼく》支持へ。奉行格の福田赳夫《ふくだたけお》、南条徳男《なんじょうとくお》、綾部健太郎《あやべけんたろう》らは、藤山愛一郎支持へ。赤城宗徳《あかぎむねのり》は、池田勇人《いけだはやと》支持へ。だがこれは少数である。そして別格の一万田尚登《いちまたひさと》一派は石井光次郎《いしいみつじろう》支持へ、といった混乱となった。

七月一日、岸から、岸内閣の外務大臣であった藤山愛一郎に電話があった。

「ちょっと話し合いたい。会の始まる前に来てほしい」

折からアジア太平洋地域公館長会議がひらかれており、そのメンバーを総理が招く総理官邸での昼食会の前に会いたい、ということだった。

藤山は、三十分ほど前に官邸に出かけ、総理執務室に入った。

岸の話は、後任総裁のことだった。

「どうもゴタゴタし出して、誰も決まらん。考えてみると、こういうときにこそ吉田さんでも出てくれるのがいちばんいいのだが、それは無理だ。こうなったのも、安保をやった結果だと考えれば、後始末のこともある。ひとつ、きみが立候補したらどうだ」

藤山は思った。

〈わたしを、自分が手がけた「新安保体制」をあまり傷つけずに運用していくことのできる次善の人間と考えたのであろう〉

大日本精糖社長、日本商工会議所会頭などを務めた経済人の藤山を、政界に引っ張り出したのは岸である。かねて岸から「後継者は藤山」と言われていた藤山は、外務大臣として新安保に取り組む岸をよく援《たす》けた。

藤山は、ホテルニュージャパン九階の藤山事務所に帰ると、この話を周辺の人々に伝えた。小沢佐重喜、江﨑真澄、遠藤三郎らは、そろって言った。

「岸さんがそういうなら、出たらいいじゃないですか」

「それでは、やってみるか」

藤山は、自民党総裁の座に挑戦することを決意した。

藤山は、その気になって二、三日たって、岸を南平台の私邸に訪ねた。

藤山は、岸に強い決意を語り、求めた。

「いよいよやる決心をしたから、準備する。あなたの手のまわる範囲で、岸派をわたしにつけてもらいたい。つながりのある人にも、呼びかけてほしい」

岸は、はっきりと言った。

「よろしい」

このとき、岸派の永田亮一がそこにいて、弾んだ声をあげた。

「藤山さんが出るんですね。こりゃ大変だ。ぼくは、藤山さんに行かなきゃ」

池田勇人は七月五日、立候補声明と政策を発表した。続いて八日には、大野伴睦が、九日には、石井光次郎、藤山愛一郎、松村謙三《まつむらけんぞう》が名乗りをあげて、自民党内は騒然としてきた。

このうち大野伴睦は、岸信介から大野派を主流派として内閣に協力させることの見返りに、後継総裁の念書を手にしていたとされる。その岸と大野の政権譲渡の密約は、岸の孫である安倍晋三《あべしんぞう》現首相が「祖父から直接聞いた」とテレビ等で発言しており、その際に岸は「政治家は目的のためになら嘘をついてもかまわない」と語ったという。

## 岸に梯子《はしご》をはずされた藤山の抵抗

そして、公選前日の七月十二日、立候補を表明していた藤山に、岸から連絡が入った。

「私邸に来てほしい」

藤山は、岸の私邸に行った。すると、岸に、藪から棒に言われた。

「きみ、立候補をやめてくれ。万が一にも石井が政権を取ったら、河野一郎が裏についている限り、容共（共産主義容認）政権になって、とんでもないことになる。きみもやめて、池田を助けてくれないか」

河野は、日ソ共同宣言の調印を成功させるなどソ連とパイプがあった。

藤山は、さすがに突っぱねた。

「それは困る。立候補を宣言し、政策も明らかにした。それを簡単に取り消すなんて、できない」

藤山は、陣営に帰ってみんなにこの話をし、言い切った。

「いまさら、もう、引き返すわけにはいかない。やります」

小沢、江崎、遠藤らは、藤山の出馬にきわめて積極的であった。

小沢は、張り切った。

「員数の取りまとめは、先頭に立ってやりますから」

采配《さいはい》を小沢が振り、名簿を作って多数派工作もやり、それこそ金一封を渡すことも生じたが、それも取り仕切った。江崎、遠藤は、他派との連絡役だった。

藤山が岸から立候補辞退を勧められたことを、佐藤派の橋本龍伍《はしもとりょうご》が、この日ただちに松野鶴平《まつのつるへい》参議院議長の耳に入れた。なお橋本龍伍の長男が、のちの橋本龍太郎《りゅうたろう》元総理である。

橋本龍伍が、藤山に勧めてきた。

「松野さんに、会ってみないか」

藤山は、松野に会った。松野は、藤山を励ました。

「きみ、大いにやれ。だいたい、岸君がそういうことを言うことがおかしい。行って、きみも、もう一度、岸君を口説け。自分もついていこう」

総裁公選は、七月十三日と決められていたが、河野は、党大会の運営幹部たちにはたらきかけ、強引に一日延期させた。大野支持勢力を石井支持勢力と結合し、党人派一本化をはかる時間を稼ごうとしたのだ。

大野は、十三日午後三時、記者会見で、憤然と心境を述べた。

「岸総理は、政権譲渡の約束を破った。わたしは、党人派結集のため、大死一番、立候補をやめる。心中乱れて麻のごとしじゃよ」

これに対し、党人派の河野、三木、松村派は「石井支持」に傾斜し、党内は官僚派対党人派の争いになっていった。

藤山は、この日夜八時半から官邸の総理室で岸と会った。佐藤派の松野鶴平は、横に座って藤山をバックアップしてくれた。

藤山は、懇願した。

「立候補を、ここでやめるわけにはいかない。なんとか、援助してくれ」

が、岸は、どうしても応じない。会談は、三時間にも及んだが、ついに決裂に終わった。

松野は、藤山を力づけた。

「きみは、やったらいいじゃないか」

藤山には、不可解でならなかった。

〈なぜ、岸さんの心が変わったのか……〉

吉田元総理の圧力があったという人もいるが、藤山にはわからない。とにかく、長いあいだの岸との交友は、今回のことで罅《ひび》が入り、こののちは修復されることなく決定的に広がる一方という経過をたどっていく。

## 始まりは〝半年だけの秘書〟

岸は、十三日夜、総理官邸に岸派六十人以上を集め、岸派が再結集して池田支持にまわるよう説得にかかった。岸の政権譲渡の密約書の相手である大野が辞退した以上、義理はなくなる。大野支持の岸派は総引き揚げとなった。ただし、藤山支持者は残った。

藤山も最後まで立候補を断念しないので、藤山に恥をかかせぬよう、第一回目の投票では藤山への投票は自由にした。

党大会は、七月十四日に、日比谷公会堂でおこなわれることになった。官僚派の池田勇人、党人派の石井光次郎、それに藤山の三人であらためて雌雄を決することになった。

藤山は、会場の日比谷公会堂には、予定よりだいぶ遅れて着いたが、藤山派の江﨑真澄が大声で代議員のあいだをふれ歩いた。

「藤山は、降りておりません。降りていませんよォ！」

午後一時から自民党大会がひらかれ、総裁選挙がおこなわれた。

投票の結果は、池田二百四十六票、石井百九十六票、藤山四十九票であった。

藤山は、岸を中心とする藤山引き下ろし工作のなかで、四十九票を集めることができたのでホッとした。藤山の取った四十九票のなかには、参議院からの票が十七、八票あったという。それは、ほとんど松野鶴平の系統の票で、平井太郎《ひらいたろう》や増原恵吉《ますはらけいきち》の票も入っていた。松野系の人たちと藤山とは、政策面や思想面でかならずしも一致していたわけではないが、藤山のためには、その後もずいぶん骨を折ってくれた。

誰も過半数の票を獲得できなかったので、一位の池田と二位の石井とで決選投票がおこなわれた。決選投票では、岸は、石井支持、藤山支持であった岸派の議員を池田陣営に持っていった。

池田三百二票、石井百九十四票であった。こうして池田政権が誕生した。

この総裁選を機に、星島二郎《ほしじまにろう》、江﨑真澄、小泉純也、福家俊一《ふけとしいち》らを擁して岸派から分派、「愛正会」（藤山派）を結成した。

そうしたなかに、二階俊博は、父親と遠藤と三人で港区赤坂にあるホテルニュージャパン内の藤山の個人事務所を訪ねたのである。

二階の眼に、藤山は、ひどく上品なたたずまいをしているように見えた。品のいい銀髪が特に印象的であった。

間もなくして、遠藤から二階俊博に電話がかかってきた。

「藤山さんが、オーケーしてくれた」

「そうですか。ありがとうございます」

「しかしな、藤山さんは、有力な総理大臣候補だ。それだけに大日本製糖の役員や外務省の参事官、はたまた新聞社の政治部キャップなど錚々《そうそう》たるメンバーが秘書として仕えている。きみは、その下になってしまう。それで、いいか。たしかに、『藤山の秘書です』と名乗れるのは、かっこうがいい。だけど、政治の勉強にならないかもしれないぞ。本当に政治を勉強したいなら、ぼくのところにきたらいい」

もともとは遠藤が藤山の秘書になることを二階に勧めていながらのこの提示は、遠藤は二階が父親のあとを継ぎ、政治の道を目指すため、秘書になりたいのだと思っていたからであろう。二階の将来を考えてのはからいであった。

だが、当の二階は政治家になるつもりはまったくなかった。ましてや、遠藤の秘書になることなど夢にも思っていない。

しかし、自分の将来について親身になって相談にのってくれた遠藤に「先生の秘書になるなど考えてもいませんでした」とは口が裂けても言えない。

二階は、窮余の一策を講じた。

〈とりあえず、半年だけ秘書をやらせてもらおう。そのあと、どこかのサラリーマンになればいい〉

二階は申し出た。

「それでは、半年だけお願いできますか」

こうして、二階は昭和三十六年春、中央大学法学部政治学科を卒業後、遠藤の秘書として社会人の第一歩を踏み出した。

## 下田怜子との婚約と秘書稼業の本格化

二階が遠藤三郎の秘書になったときは、下田怜子が三年生に上がるときであった。

二階は、彼女の両親のところに行き、頼みこんだ。

「怜子さんが二年後に卒業したら、結婚させてください」

怜子の母親のキヨ子は、二階が気に入っていたから、顔をほころばせた。なにしろ、怜子にいつも言っていた。

「怜子は水たまりがあったら、私を水にハメようとしてくるようなところがあるから安心できない。そんな怜子に比べ、俊博さんといっしょにいると、不思議と安心するのよね」

ところが、怜子の父親の守蔵は、思わぬことを口にした。

「俊博君、あんなのやめたほうがいいぞ。気ままなところがある。わたしが君だったら、（怜子を）熨斗紙《のしがみ》を付けて返すよ」

二階を高く評価している守蔵は、照れ隠しで言ったのだろう。

二階は、きっぱりと言い切った。

「大丈夫です。乗りこなしますよ」

そんな経緯のあと秘書生活に入るが、二階の先輩秘書には、農林省出身の森崎守夫をはじめ、佐々木邦彦、菅沼芳衛、高木貞夫、深沢敏男、曽根雅水、矢田保久、岩田春芳、山崎平二らがいた。

二階は、衆議院議員会館に近い後楽園に下宿していたから、どの先輩秘書より早く議員会館に入った。お茶を沸かす順番も早く取った。

先輩秘書たちは、そういう新人の二階をずいぶんと可愛がってくれた。二階に、先輩だけが知っている情報を教えてくれた。

秘書だけでなく、遠藤の東京大学の同級生たちも二階を可愛がり、細かく教えてくれた。

そのせいで新人ながら二階に多くの情報が入っていたので、遠藤に会いたいという人が来たとき、どういう用件で来たのか、およその意味と方向がわかった。

## 遠藤建設大臣の治績――洪水対策、首都高速道路の策定

遠藤が建設大臣に在職したのは、昭和三十三年六月十二日から三十四年六月十八日までのまる一年間だったが、在職中の大きな仕事の一つに、狩野川《かのがわ》台風の事後処理がある。

神奈川県に上陸し、伊豆半島と関東地方に大きな被害を与えた狩野川台風は、遠藤が建設大臣に就任した三ヵ月後の三十三年九月二十六日に襲来。翌二十七日にかけて流域の家屋や水田に大被害をもたらし、一千百八十九人もの死者・行方不明者（警察庁）を出すという悲惨なものだった。

この台風の襲来で、遠藤は二十七日、小型機に乗って被災地に飛んだ。

それだけではおさまらず、翌二十八日にも再び、ヘリコプターに乗り、悲惨な状況を空から視察した。

そのときの模様を一回目の視察に同行した当時の秘書の矢田保久は、二階に語って聞かせた。

「あのときの大臣の活躍は、大変なものでしたよ。一回目の視察のときは、わたしも同じ小型機に乗って同行しましたがね。空から見ると、一面がまるで海のような水びたし状況。どう手を施したらいいのかわからないようなありさまだった。

大臣はこの状況を目を皿のようにして視察され、そのあとで、県庁や三島の対策本部に足を運ばれ、説明を受けた。しかし、それだけでは納得できなかったのでしょう。その日は沼津に泊まり、翌二十八日、再びヘリコプターに乗って視察に出かけられた。このときは、台風の襲来が嘘《うそ》のような快晴でね。風も吹いていない。だからヘリコプターも思うように舞い上がらない。それでも一機だけはなんとか飛ぶことができるというわけで、大臣と中部地方建設局の局長だけが乗って視察に向かった。大臣はそれぞれの被災地と直接連絡を取ってみたい。しかし、電話線はズタズタに切れており、それはできない。それがはがゆくて二度も空から視察したのです。

あとで大臣は、こんなことをおっしゃっていましたよ。

『原始的なことを言うようだが、役所などには伝書バトを飼っておく必要があるな』

大臣は被災直後、現地と直接連絡を取れなかったことがよほど残念だったのだと思う」

二階は、遠藤の活躍を聞き、政治家のあり方について学んだ。

矢田は続けた。

「九月末といえば、翌年度の予算編成期でもあるしね。大臣は寝食を忘れて復旧対策や今後の治水対策について指示を与えておられた。狩野川放水路も大臣が頑張られてあのような立派なものになったのだ。いま見ればわかるが、放水路は水を流す穴が二つ開いている。最初の計画では穴は一つの予定だったんですからね。

その後の洪水対策は万全なものとなっている。大臣の汗の結晶ともいえる。また、あの台風では田畑も水浸しになり、手がつけられないような状態になった。

この事後処理についても大臣は農林省に勤めたことがあり、後輩たちとの呼吸も合い、早く進めることができた。あの台風の事後処理に大臣の果たした役割は極めて大きい」

遠藤は首都高速道路の建設にも力を注いだ。首都高速道路は急速な交通量の増大と、都市構造の変化に対処するため建設されることになったものだ。

矢田保久は、遠藤のその件についての活躍についても二階に細かく語ってくれた。

まず昭和二十六年ごろから東京都による予備調査が始められ、二十八年四月には、首都建設委員会、のちの首都圏整備委員会が首都高速道路網の新設を建設省と東京都に勧告。これにもとづいて三十二年七月、建設省が「東京都市計画都市高速道路に関する基本方針」を決定。ついで三十二年十二月、東京都市計画高速道路調査特別委員会が「首都高速道路網計画」を策定するなどして着々準備が進められ、三十四年二月の第三一回通常国会に「首都高速道路公団法」が提出され、その年四月八日、同法が可決され、四月十四日に公布、施行された。

これによって同公団は昭和三十四年六月十七日に設立され、首都高速道路の建設に着手することになる。この「首都高速道路公団法」が成立したのは遠藤が建設大臣のときだった。

計画が進められていたころの中村梅吉が委員長を務める自民党首都圏整備特別委員会は、当初から新公団設立にはきわめて積極的で三十一年一月に「東京高速道路公団（仮称）」の設立構想を発表。そのなかで主張した。

「東京における都市高速道路の建設と管理に当る事業主体について建設省や東京都とは別に、これを新たに設けてそれに専念させるべきである」

また、東京都議会も三十三年三月、全議員の提案により「高速道路建設促進に関する意見書」を議決し、国の関係省庁に促進を要請した。

しかし、その一方で、すでに日本道路公団も設立されており、新たに公団を設けることは屋上屋を重ねるものであるという意見もないではなかった。

建設大臣に就任してから遠藤はその調整やら新公団の必要性を説くのに関係者の間を走りまわった。

矢田は、二階に語った。

「当時の日本道路公団総裁は岸道三さん。大臣は岸総裁とは学生時代からの知り合いだったので、よくお会いして新公団設立についての話し合いをしていました」

新公団設立の裏には、このような遠藤の努力もあったという。

矢田は付け加えた。

「公団法が成立した時には、中村梅吉先生がわざわざ大臣室まで遠藤大臣に挨拶に来られたのもおぼえているよ」

新公団の初代理事長には神崎丈二が就任したが、この選任にも遠藤はひと肌脱いだのだ、と矢田は説明した。

「首都高速道路公団の資料によると、現在、首都高速道路を利用する車は東京都と神奈川県下を合わせて一日にざっと百万台にのぼる。

これからみてもいかに同道路の利用度が高いかがうかがえる。もし、この道路がなかったら……考えただけでもぞっとする思いがする」

## 得がたい〝勉強〟の機会が与えられる

遠藤は選挙区の陳情処理の合間を縫って、二階に勉強の機会を与えてくれた。

「暇《ひま》があれば、国会の委員会や党の会合へ出て、勉強しなさい」

福田赳夫をはじめ自民党の重鎮や、財界の日本商工会議所会頭の五島昇《ごとうのぼる》東京急行電鉄社長などの会合にも同席を許された。

ときには、夜の会合から車で自宅に帰る途中、わざわざ二階の後楽園近くの下宿先まで送ってくれた。降りる段になると、言葉をかけた。

「お父さんから預かったきみに、酒を呑むことばかり教えているわけではない。帰ったら、勉強しなさい。この間、役所から『経済白書』がきただろう。あれは、文章が長すぎる。役人の書いた文章ではなく、政治家の文章として、コンパクトにまとめてみろ。それだけでも、充分に勉強になるぞ」

さらに遠藤は、細かく指示した。

「豚肉の値段はどうなっているか。卵の値段はどうなっているか。それを調べて書いてくれ。地元のお百姓さんは心配しているからね」

二階は、言われたとおり、調べて勉強すると、おもしろいほど奥行きが広がった。

二階は、役人出身の政治家の秘書になってよかったな、と思った。

二階が書類を作るときも、手紙を書くときも、一言一句、微に入り細に入り、細かく教えてくれた。じつに勉強になった。

議論していると、互いに判断に迷うときがある。すると、遠藤は、「今日はここまでにしましょう。これから先は、おれも考えてくる」と言う。

何事もいい加減にはすまさなかった。政党政治家、いわゆる「党人派」ならなんとなく想像できるが、役人の最高峰を歩いてきた官僚派ならではのきちんと物事を詰める姿に学んだ。

二階にとっては、得がたい機会であった。

## 遠藤と二階の〝二人三脚〟が続く

半年ほどたったある日、沼津市の自宅で、遠藤は二階に言った。

「きみは、たしか半年ほど秘書をやりたいと言っていたが、今後、どうするつもりでいるんだ。選挙に出ると、カネに苦労するもんだ。そういう苦労をしなくてもいいなら、しないほうがいい。ぼくが頼めば、ある大企業の社長秘書になれる。政治家になるには、企業の安定したバックアップも必要だぞ」

二階は、遠藤に訊いた。

「僕はペケですか」

「いや、そうじゃないから言うんだ。おれはきみにおれの地盤を継いでやってほしいと思っている」

二階はもう少し遠藤のそばにいたかった。

「いえ、あと半年、先生のもとに置いてください。そこから先は、自分で決めたいと思います」

「よし、わかった」

そんな遠藤は、寒い冬はマフラーを首にひっかけて会合から会合へと走りまわった。

そのとき、スポーツ好きの遠藤は、暇を見つけては、二階に声をかけて、議員会館を抜けて、二人で後楽園球場に出かけた。

昭和三十六年十月三十日の川上哲治監督率いるセ・リーグの読売ジャイアンツと鶴岡一人監督率いるパ・リーグの南海ホークスとの日本シリーズの第五回戦。それまでジャイアンツの三勝一敗であった。この日のジャイアンツが勝てば、優勝という試合であった。

二階は、遠藤と二人で、後楽園球場に出かけた。

球場に入るや、遠藤が、二階に訊く。

「メシ食ったか」

「食べてません」

遠藤は売店でアンパンを買ってきて、二階に手渡す。二人でアンパンを頬張《ほおば》りながら観戦をした。

遠藤はチャンスになると、そのアンパンをスタンドで頬張りつつ、ときには立ち上がって声援を送った。そんなふうにしていながら、ふと珍妙なこともする。

遠藤が試合中に、二階に試合経過を訊いた。

「どうなっている？」

二階は答えた。

「いま五対一です」

「そうか」

遠藤はうれしそうに答える。

そのうち、遠藤が声を曇らせて二階に言った。

「なんだ、負けているじゃないか」

じつは、遠藤はジャイアンツファンで、二階は和歌山生まれで南海ファンであった。だから、つい南海を中心に五対一と言ったのだが、五イニングが終わり、南海が五点、巨人は0を並べ一点しか得点していなかったのだ。あるいは、遠藤は試合経過を失念するほどに、ジャイアンツの選手の一挙一動に夢中になっていたのかもしれない。

その日の試合は、結局、南海が六点をとり、ジャイアンツは長嶋茂雄がホームランを打ったものの三点しか入らず、優勝とはならなかった。

最終的にこのシリーズは第六戦目にジャイアンツが勝ち、優勝を決めた。

遠藤は、ノンプロの試合も観《み》に出かけた。二階が日高高校で応援団の団長をしていたとき、甲子園に出場したピッチャーの玉置忠男が慶応大学を出て、ノンプロでも大昭和製紙のピッチャーとして活躍していた。遠藤はそれを知っていて、二階を誘った。

「きみも、観に行かなけりゃいけないんだろう」

遠藤は、二階といっしょに大昭和製紙の試合の観戦をした。

やはりアンパンを頬張りながら大昭和製紙を応援してくれた。

遠藤は、その試合が終わっても、二階に声をかけた。

「おい、次の試合も見ていこうか」

それほど野球好きであった。

ボクシングも好きで、やはり二階を供によく観戦に出かけた。

贔屓《ひいき》の選手がパンチを食らうと、遠藤も一緒に顔を背けていた。

二階は、野球は好きであったが、ボクシングはむしろ嫌いであった。

二階がそれを口にすると、遠藤はたしなめた。

「二階君、それは駄目だ。ボクシングの好きな選挙民がいるんだ。きみがボクシングが嫌いだ、と言ったら、話が折れてしまう。ボクシングの話が出たら、そうか、そうかと楽しそうに聞かなきゃぁ」

遠藤は相撲も好きであった。

人には優しく接していたが、選挙の戦いに見られるように、内心闘争心が強かったと二階は見ている。

遠藤は、常に頭はシャープで、身のこなしは機敏だった。二階は、遠藤についてまわるだけでも大変であった。

二階は、選挙区の静岡県沼津市にもときどき同行したが、遠藤はよく述懐していた。

「世界中をまわってきて、やはり富士山の見える静岡県が世界一だなあ」

郷里に帰ることが何よりも好きな郷土愛の強い政治家でもあった。

また、遠藤はタバコが大好きだった。

タバコは当初、「光」党だったが、光が店頭から消えてからはもっぱらピースを口にくわえていた。

二階によると、多い日には二十箱も口にすることがあったという。

どこへ行くにもまず、自分の両側のポケットにいっぱい詰める。それだけでは足りない。だから秘書である二階もあらかじめポケットに一箱入れていたものだ。

それだけではない。別に袋にも入れて車に積んでおいたりもした。そうでもしないと安心できない。

国会の委員会の席で、遠藤が二階を呼んだ。タバコを買いに行かせるためだった。ところが、二階《にかい》堂進《どうすすむ》がてっきり自分を呼んでいるのではないかと思い、遠藤のところへ行った。

これには遠藤もまいったらしく、「あなたではありません」とひどく恐縮していた。

## 脳溢血の発作を起こして倒れた遠藤

遠藤三郎が脳溢血《のういっけつ》の発作を起こしたのは、二階が遠藤事務所に入ってちょうど一年目の千鳥ケ淵の美しい桜の咲くころ、昭和三十七年三月の末だった。

遠藤は、その日、国会に入る前からしきりに「気分が悪い」と口にしていた。が、そのときはそのまま国会に入った。

しかし、やはり無理と思ったのか、すぐ出て来た。車で練馬区の家に帰った。

遠藤は、すぐ東大病院に入院した。

二階は、心の中でまるで大木が音を立てて倒れていくような大きな衝撃を受けた。

〈これから、どうなるんだ……〉

幸いなことに、遠藤は入院後しばらくして意識を回復した。

それから間もなく、大きな問題が起こった。建設省の高野務道路局長が言ってきたのである。

「先生に会いたい」

そのころ遠藤は、ちょうど東名高速道路の建設促進議員連盟の会長をしている時期で、高野局長は、遠藤に了解を取らなければいけないことがあった。

「じつは、東名高速の路線決定の問題で、近く河野（一郎）建設大臣に報告することになっている。その前に議員連盟の会長である遠藤先生のご了解を得ておきたいと思いまして」

遠藤は、そのとき、東大病院に入院中であった。一般的に政治家の病気は隠すことが多い。二階ら秘書は、迷いに迷った。

高野局長は、もちろん遠藤の入院など知る由《よし》もない。

「なんだったら、おうちに伺ってもいい。また、ご出張中なら東京駅でお待ちしてもいい」

しかし、よくよく考えてみると、事は国政上の重要な問題。しかも、遠藤が心血を注いできた東名高速道路の浜名湖を通る路線の問題である。いいかげんなことを言うわけにはいかない。

二階は、先輩の秘書たちと相談したうえで伝えた。

「遠藤先生は、このことは高野道路局長にお任せする、とおっしゃった」

「じつは……」と言って、遠藤が病院に入院中であることを話すわけにはいかない。さりとて行政の停滞は許されず、そのときはひや汗をかいた。が、二階は、あとで考えると今でもあの措置は正しかったと思うという。

# 第4章　影の実力者

## 選挙戦応援の面接・採用試験に無事合格

入院後、しばらくして意識を回復した遠藤三郎《えんどうさぶろう》は、二階俊博《にかいとしひろ》を呼び、頼んだ。

「二階君が嫌がるなら仕方がないが、佐賀県の杉原荒太《すぎはらあらた》先生の選挙のことが気になる。応援に行ってくれないか」

遠藤の長女の道子が杉原の長男杉原哲太のところへ嫁いでいる。二階にはその関係から、遠藤が心配する気持ちがよくわかった。

二階は、即座に引き受けた。

「お役に立てるかどうかわかりませんが、選挙のときは朝早く起きて事務所を開ける者も必要でしょう。何かやれるでしょう」

二階は、事務所の先輩に見送られ、東京駅から夜行列車に乗り佐賀県に赴くことになった。

事務所の人や友人が弁当を差し入れてくれて、二階の背中を叩いて励ましてくれた。

「大変なところへ行くんだけど、しっかりやって来いよ」

当時、「佐賀県人の歩いたあとは、草木も生えない」と言われていた。そんな厳しいところへ行くのだから、お前、大変だぞ、という意味がこもっていた。

ついでながらこの言葉は、佐賀県人みずからが言い、九州の他県人もよく口にするが、いわゆる侮蔑的な表現ではなく、佐賀の県民性、つまり教育熱心・学習好き・真面目・頑固といったものからきているようだ。具体的には、政治に厳しい眼を向けることにあるといえる。

ともあれ、この見送りの人のなかに、佐賀県鹿島市の織田病院の院長の弟で、杉原の選挙参謀の織田桃彦がいた。

じつは、ひそかに二階の面接試験に来たのだ。これからひと月もふた月も飯を食わして飼っておいて、本当に役に立つのか、だいじょうぶか、と確認しに来たといえる。

二階は、織田にひと言告げた。

「今回の選挙は、十二万票プラスアルファーが分岐点になるでしょうよ」

その数字が、まさに織田の考えていた数字とほとんどピタリであったようだ。

織田は、こいつは役に立つかもしれない、すぐにでも動いてもらおう、と結論を出した。二階は無事採用試験に合格したのであった。

## 佐賀県参院選で知った杉原荒太の横顔

佐賀県の参院選は一人区で、杉原は、昭和二十五年に続き昭和三十一年七月にも連続当選を果たし、この年、昭和三十七年七月の選挙が三回目の挑戦であった。

杉原荒太は、明治三十二年八月二十八日、杵島《きしま》郡中通村（現：武雄市山内町）船の原に生まれる。大阪高等商業（現：大阪市立大学）を卒業後、外務省入省。米国ヴァーモント大学留学。帰朝後、南京総領事、外務省企画課長などを務め、昭和二十一年に条約局長を最後に退官。昭和二十五年六月の佐賀地方区参議院議員選挙に初出馬し、当選。昭和三十年三月からの第二次鳩山一郎《はとやまいちろう》内閣では防衛庁長官を務める。鳩山内閣の「日ソ共同宣言」の際には、その中心的推進者として活躍し、日本外交史上に高い評価と大きな足跡を残している。

二階は、遠藤から、杉原がいかに硬骨漢かのエピソードも聞いていた。

「杉原さんが外務省の条約局長時代のことだ。当時の吉田《よしだ》内閣総理大臣は、飛ぶ鳥を落とす勢いでね、外務大臣も兼務されておった。杉原さんの上司であるわけです。誰でも彼でも、時の吉田総理には、先を競って、ごますりに行きますよね。ところが、杉原さんは行かない。吉田総理が、外務大臣だから、たまに外務省にふらりとやって来た。そこで、皮肉の好きな吉田総理が杉原さんに言った。

『この局長には、なかなかお目にかかる機会がないもんだから、わたしのほうから来た』

杉原さんは、またそれに答えて言った。

『ご用のあるときは、かならずお伺いして決裁をいただきます。しかし、いまのところ、ご用がなかったもんですから、行きませんでした』

なかなかそんなこと言えないよね。相手は、内閣総理大臣でも、並みの総理大臣ではない。そういう相手と渡り合うわけだから、相当なもんですよ」

杉原は、本当に人物は第一級に立派だが、あまり選挙を熱心にやらない。これも第一級だという。選挙民に一票を頼むなんてことを言ってまわるのが、あまり好きでないという。

二階は、最初は、選挙事務所の下足番くらいであろうと思っていた。が、手伝っていくうちに、あれよあれよという間に、とんとん拍子に仕事は増え、杉原陣営のなかで重宝されていくことになる。杉原陣営の選対中枢の一人として活躍することになった。

当初、前述したように杉原陣営は、織田病院の院長の弟、織田桃彦が中心となっていた。

二階は、その織田にも可愛がられ、織田との縁は一生涯、続くことになる。

二階は、この選挙で寝る間を惜しむほど働き、八面六臂《はちめんろっぴ》の活躍をみせた。

朝、昼、夕と宣伝カーに乗り演説をし、夜になれば、遠藤三郎の秘書として佐賀県内の有力者や支持者の間を飛びまわった。

早稲田大学弁論部の学生が十人ばかり応援弁士として、アルバイトで来ていた。

しかし、室内でおこなわれる弁論大会と野外でおこなう街頭演説は勝手が違うのか、彼らは、すぐに声が出なくなって、使いものにならなかった。

結局、二階がマイクを握って演説をしてまわった。

夜には、個人演説会もある。

杉原は、日ごろは、選挙運動にほとんど帰って来ない。立会演説会場に行くと、「ご無沙汰して、相すみません」そこから始まる。すると、聴衆は、「そのとおり」とそろって声をあげる。しかし、人物を見込んでいるのだろう。選挙はみんな一生懸命やってくれる。

二階は、そういう姿を見ていて思った。

〈杉原先生は、選挙民から愛されてるんだな〉

「佐賀県人の歩いたあとは、草木も生えない」と言われていたが、二階の接する人たちは優しかった。

選挙の中盤以降になり、鍋島直紹《なべしまなおつぐ》が、いよいよ杉原陣営の応援に立ってくれることになった。鍋島直紹は、肥前鹿島藩鍋島家の十五代当主である。佐賀県知事を経て、昭和三十四年に参議院選挙に出馬し当選を飾っていた。

地元では鍋島のことを親しみを込めて「トンさん」、つまり「殿様」と呼んでいた。

鍋島の応援を佐賀県連の人たちは、大変喜んだ。

佐賀県の県会議員が七、八人で杉原陣営の事務所にやって来て、二階に頼んだ。

「杉原さんと鍋島さんと一緒に宣伝カーへ乗ってもらって、佐賀市内をパレードしてもらいましょう。時間の許す限り、鍋島さんが杉原陣営に付いたということをはっきりさせましょう。その件について、杉原先生に直接会って話したい」

二階は、それはいいことだと、彼らを杉原に会わせた。

ところが、杉原は、なかなかうんと言わない。というのは、その日の昼間の杉原の予定されている立会い演説の時間と、佐賀県連が提案した杉原と佐賀での鍋島のパレードの時間がかち合う。

杉原は、言い張った。

「わたしが何か特別の事情で予定の演説会に行けないっていうなら別だけど、行けるのに行かないのは、許せない」

県会議員たちは、杉原に懸命に訴えた。

「予定の立会い演説会の町は人口が少ない。当然票数が少ない。そこを吹っ飛ばして佐賀へ来てパレードに参加したほうがいいじゃないですか」

杉原は、頑なに拒否し続ける。ついに夜が更《ふ》けてきた。

二階もそばで聞いていたが、その頑固さにはさすがに困った。

〈とりあえず、うん、と言ってなんとかすればいいのに。ここで話が壊れれば、これからの選挙戦に影響するのに……〉

県会議員の一部の人が、二階に頼んだ。

「あとはあなたに任せる。どうぞこの話を続けてくれ」

二階も、責任を感じる。繰り返し、杉原に訴えた。ついには、真夜中の二時になってきた。

二階は言った。

「先生、今日はこの話はやめましょう。こんな話を続けていたら、明日の選挙運動に影響します」

すると、杉原が思い余ったような顔をして言った。

「二階さん、これ以上、あなたがそのことを言われ続けるんなら、わたしは立候補を辞退します」

選挙の最中である。そういうときに、「わたしは立候補を辞退する」とまで言い張るのだ。ふつう、そんなことを言っても、この人も感情的になって言っているんだなというぐらいで済む話だ。

が、二階は不安になった。

〈これは危ないぞ。本気で辞めるぞ〉

実は、杉原は、かって防衛庁長官の時代、法律の問題で、国会で審議が滞り、問題になったことがあった。そのとき、誰も辞めろと言っていないのに、「責任を取ってわたしは辞任する」と言って、スパッと防衛庁長官を辞任し、ケジメをつけてしまった。

そういう性格だから、立候補を辞めるぐらいのことは、なんでもないことだ。

二階は、親戚筋から頼まれてきた単なる若い秘書だ。それが大物の杉原荒太を辞めさせたということになると、佐賀県の人に怒られる。

その夜は、延長戦に入らず、午前二時に打ちきりにした。

翌朝早く、杉原の選挙参謀である織田桃彦から二階に電話がかかってきた。

「わたしが杉原先生と話をするから、二階さん、勘弁してよ」

二階は恐縮した。

「いや、勘弁とかなんとか、そんな話とはまったく違います。どうぞそうしてください」

織田は、杉原に会うや、臆することなくきっぱりと言った。

「杉原先生、どうぞ思うように選挙を戦ってください。ただし、勝敗については、あなたが責任持ってください」

そう言われたら、杉原も、自分も勝手なことを言っているのだから、うなずかざるを得ない。

自民党県連の頼みどおり、佐賀での鍋島とのパレードをおこなうことになった。

## 僚友・愛野興一郎と知り合うきっかけ

二階が佐賀入りして一ヵ月たったころ、演説に駆けまわっている二階の体調を心配した織田桃彦が声をかけてきた。

「二階君、今度の週末は近くの温泉にいっしょに行って、今後の選挙の作戦を立てよう」

織田は、選挙の相談という名目で、二階に休養を与えようと気を遣ってくれたのであった。

だが、この旅行で不慮の事態が発生する。

温泉の湯船の中で、織田桃彦が鼻血を出して倒れてしまったのだ。

幸いすぐに織田病院を経由して連絡された救急車が来たため、織田桃彦は一命をとりとめた。が、すぐにはこれまでのように選挙の陣頭指揮はとれなかった。

ちょうど、後援会の事務所を立ち上げる時期で、選挙も佳境に入ってきていた。

二階は思った。

〈困ったな。さすがに佐賀のことをなんでも知っているわけではないから、自分じゃ陣頭指揮はできないぞ〉

二階は、病床の織田桃彦に相談した。

「桃彦さん、わたしはあなたの指示どおりに動くようにしますが、残念ながら、佐賀県の地名もわかりません。高橋なんて聞いても、人の名前なのか、字《あざ》の名前なのかわからないところがあります。ともに戦ってくれる地元の方で、機密を打ちあけられるような信頼できる人を紹介してください」

二階の話を聞いた織田は言った。

「それなら、愛野《あいの》興一郎《こういちろう》がいいだろう」

織田が紹介したのは、のちに田中派の衆議院議員となり、経済企画庁長官を務める愛野興一郎だった。

これが二階と愛野の知り合うきっかけであった。

愛野は、昭和三年四月十八日、佐賀県鹿島市に生まれた。

当時、愛野は、実父の愛野時一郎が創立した地元のバス会社祐徳自動車の副社長であった。愛野時一郎は、すでに昭和二十七年十二月三十一日に死去していたが、戦前戦後で計四期、衆議院議員を務めていた。

そのようにして、二階は、二ヵ月の選挙の手伝いを終えると、織田桃彦と一緒に東京へ夜汽車で帰った。

そのときに、二階の耳に情報が入ってきた。

「選挙違反で織田さんが危ないぞ。どっかが夜汽車にまで追っかけて来るぞ」

二階は思った。

〈そんなことあるもんか〉

二階は大概の状況を知っている。

しかし、織田はさすがに緊張しているようだった。

夜中、寝台車だから車掌が切符を切りにくる。二階は、車掌に織田の部屋を指し、訊いた。

「あそこの部屋に、人はいますか」

二階は、織田がどこかで捕まって列車から降ろされているんじゃないか、と心配したのだ。車掌は答えた。

「間違いなく休んでおられます」

「そうですか」

二階はようやく安心した。

情報はガセネタだったのだ。二階と織田は無事に東京に帰ることができた。

## 鹿教湯での遠藤の温泉リハビリへの同行譚《どうこうたん》

二階が選挙の手伝いを終えて東京に帰ると、佐賀の何人もの人が生のシャッパを送ってきてくれた。

二階は、佐賀の選挙民と何を話すにしても、相手とは初対面である。こちらは、二十三歳の子供みたいなものだ。初めのうちは、どう話をしていいか、話を斬り込んでいくのは、なかなか難しい。仕方がないから、その間、出された佐賀名物のシャッパ、つまりシャコをいじくっていた。

すると、言われた。

「東京から来た先生は、シャッパ好きかねえ」

それで、てっきり二階がシャッパを好きと思いこみ、何人もがシャッパを送ってきてくれたのだ。

ところが、佐賀県では、味つけをしてあったが、どのように味つけしていいかわからない。

二階は、送ってきてくれた人に、電話をして訊いた。

「どのように味つけすればいいんですか」

相手は喜んで教えてくれた。

「それは、塩蒸しでいいんだよ」

二階は、シャッパを塩蒸しすると、この二ヵ月間の選挙応援を振り返りながら、酒の肴《さかな》として味わいながら食べた。

人生は人と人との出会いだとよく言われる。二階は、佐賀県で、遠藤とはまったく違ったタイプのもう一人の政治家の杉原荒太と二ヵ月にわたり寝食を共にし、多くのことを学んだ。

一方、遠藤は、二ヵ月の入院を経て、ようやく回復に向かっていた。

長野県鹿教湯《かけゆ》温泉にリハビリに出かけることになり、佐賀県から東京に帰ったばかりの二階もお供をすることになった。

途中、郭公《カッコウ》が鳴く軽井沢のホテルで一泊した。遠藤と衣江夫人と二階と運転手の笹原喜勝の四人であった。

笹原は、昭和十五年八月二十六日生まれ。二階より二歳年下であった。

まだ舗装のされていない長野県丸子町の県道を走り、目指す鹿教湯温泉に向かった。

車を走らせながら、遠藤が二階に言った。

「この道は、ひどすぎるな」

凸凹道のうえ、砂埃《すなぼこり》が凄《すさ》まじい。

「二階君、温泉には、来年も来るだろう。鹿教湯温泉への道を直すように動いてくれ」

二階は、ただちに中央の省庁と連絡を取り、鹿教湯温泉への道を直すよう動いた。喜んだのは、鹿教湯温泉の住民である。が、道は直ったものの、遠藤は二度とこの温泉に通うことはなかったのである。

遠藤夫人の衣江はしばらく温泉にいたが、東京へ帰った。その後は、遠藤、二階、笹原の三人での共同生活が始まった。

遠藤は温泉治療のために、一日五回も入浴した。二階はそのたびに遠藤といっしょに湯船に入った。おかげで二階の手のひらが真っ白に変色してしまうこともあった。

遠藤は、二階に茶目っけたっぷりに言った。

「きみは病人じゃないんだから、毎回いっしょに入らなくてもいいんだよ。上の部屋で時間を計ってくれればいいんだ」

だが、もし湯船に浸かっている最中に発作でも起きて、湯船の中で転んだら大変なことになる。むろん、遠藤もそのことはわかっていた。

東大病院の医師が遠藤を診るため、ときどき温泉にやって来た。

医師は、二階をいたわった。

「最大の犠牲者は、二階さんですね。毎日先生といっしょに湯船に入って」

遠藤は懸命にリハビリに励んだ。

声を出す稽古《けいこ》として、山岡荘八の大長編小説『徳川家康』を朗読し、朝の散歩や階段の昇り降りの練習を熱心にこなした。

遠藤の不自由になった右腕の感覚を取り戻させようと、二階と笹原は、近くの釣堀に遠藤を連れ出したこともあった。

遠藤は、虹鱒《にじます》をたくさん釣り上げた。

釣った魚は、「これは、今日の収穫だよ」といって、宿の人にあげたりした。

食事のときにも、いろいろなことがあった。食卓に目玉焼きが並ぶこともある。コレステロールの関係で卵の黄身はよくないだろうと、二階は、遠藤の黄身を二つ取り、四つ並べ、遠藤に白味をあげて、お互いに笑いながら食べたこともあった。

また、遠藤はトウモロコシが大好きだった。二階と笹原は、近くの農家にトウモロコシをもらいに行き、遠藤に食べてもらったこともあった。

二階は、温泉でも、選挙民に遠藤名でせっせと手紙を書いて送った。遠藤が病気であることは、選挙民に隠さなくてはいけない。陳情に応える遠藤が変わらず活躍しているように見せなくてはいけない。

遠藤は、手紙を書く二階を見ながらひやかした。

「二階君は、陳情ごとを処理するのが好きだねぇ」

人里離れた山奥の温泉で、ひたすら政界復帰を目指して努力を重ねる遠藤の姿は、求道者にも似ていた。

二階は、つくづく感心させられた。

〈先生は、単に頭脳明晰なだけでなく、努力の人だ〉

懸命のリハビリで遠藤は順調に回復していった。

## 接戦ながらの杉原の参院選勝利とその後

昭和三十七年七月一日、参議院選挙の投・開票がおこなわれた。

二階は、鹿島市から佐賀市の選挙事務所へ向かうタクシーの中で、ラジオを聞きながら、選挙の結果に気を揉《も》んでいた。

杉原は、十三万六千八百十二票を獲得し、三選を飾った。二位の社会党の八木昇は十三万四千六十二票で接戦であった。

杉原は、当選してしばらくして、わざわざ上京し、東大病院に入院している遠藤を訪ね、丁寧な挨拶をした。

「今回の当選は、二階君の力も大きい。感謝に堪えません」

杉原は、一面、人情味も持ち合わせていた。

二階の父は、地元・和歌山県で県会議員をしていたが、その選挙に、二階がお願いもしていないのに、わざわざ応援に来てくれた。

応援に来てくれるというので、二階は、あわててそれでは自分も同席しなければと、父親の応援に帰った。

新聞記者が杉原に不躾《ぶしつけ》な質問をしていた。

「わずか二千七百五十票差の勝利をどう思いますか」

杉原は平然と答えた。

「当選に必要な票数を頂戴したと思っています」

## 八面六臂の活躍のなか「政治家・遠藤三郎」が再出発

遠藤は、三ヵ月にわたる温泉治療で、いくぶん手足の不自由さは残ったが、東京に引き揚げた。

遠藤が倒れて五ヵ月後の九月には、政界復帰のお披露目である後援会組織・遠藤会の大集会を沼津市と吉原市（現：富士市）の二ヵ所で開けるまでになった。

この席には江﨑真澄、小沢佐重喜、藤原あき等々、同じ藤山派の議員も駆けつけ、激励した。

選挙民が「よかった」「よかった」と遠藤に握手を求めてきた。が、遠藤は右手が悪い。握手する右手に力が入らない。そばにいた秘書の矢田保久は、みんなに「やめてくれ」と止めるわけにはいかない。病のことは伏せているのだ。

遠藤は苦痛ながら握手し続けている。そばで見ている矢田も苦しかった。

遠藤会の総決起大会は、大成功で「遠藤三郎健在なり」を選挙民に披露するとともに、新たな結束を促し、「政治家・遠藤三郎」の再出発の日となった。

二階は、みずからに言い聞かせた。

〈遠藤先生が政治活動を続ける限り、側にいて役に立てるよう頑張ろう〉

総選挙はその翌年の十一月二十一日におこなわれたが、二階は佐賀の杉原荒太の選挙を手伝い、ノウハウを学んでいたので、テキパキと動くことができた。

遠藤は、堂々と七回目の当選を飾り、不死身ぶりを発揮した。

それからしばらくして、日米の経済会議がアメリカで開かれることになった。自民党の経済調査会長であった遠藤も出席することになった。

二階は、遠藤に訪米を勧めた。何より、党での活躍を強くアピールすることができる。また、もう一つ、病気の回復をはっきりと示すことができる。一石二鳥ともいえる。

が、健康面で本当に渡米できるのか。二階は、念のため、東大病院の主治医に相談した。

回復ぶりは良かったので、大丈夫とのお墨付きをもらえるものと思っていた。ところが、主治医は言った。

「二階さんが半分責任を持ってくれますか。半分は、わたしが持ちます」

万が一、アメリカ出張中に遠藤の病気が再発すると大変なことになる。

二階は、そういうややこしいことで遠藤に海外出張はやらせるべきではないと判断し、取りやめさせた。

矢田によると、会館の遠藤の事務所では佐々木邦彦や曽根雅水の先輩秘書はいたが、遠藤と行動を共にしたのは秘書のなかでは二階だけであった。さまざまな党の会合で遠藤が出席できないときは、二階が代理で出席していた。

二階は、藤山愛一郎の秘書会との交流も上手だった。

選挙区の人たちが会館に顔を出しても、遠藤の代わりのできるのは二階であった。

いざ選挙になっても、矢田はすでに、東京オリンピックに向けて首都高速公団の手伝いをしていたので、選挙に時間が割けない。二階が中心にならざるを得なくなっていた。二階は、八面六臂の活躍をしていたという。

## 周囲から「母子家庭」と言われた二階の結婚生活

下田怜子は、昭和三十八年三月に共立女子大を卒業すると、和歌山県の御坊市に帰った。

それを機に結納を交わし、華燭の典をあげた。

怜子は、結婚とともに再び東京に出て二階と暮らすことになった。

彼女にとっては渡りに船であった。堅苦しい家に縛られているより、二階と暮らすのがうれしかった。

二階は、結婚してからは、それまでの後楽園近くの下宿から、東京都の多摩地域にある国立町（現：国立市）のアパートに移り住んだ。

二階は、朝の九時ごろ家を出ると、毎日午前様であった。真夜中十二時過ぎでないと帰って来なかった。

昭和四十四年四月二十六日には、長男の俊樹が生まれた。

怜子は、俊樹の友達のお母さんたちや、大学時代の友人もたくさんいたので寂しくはなかった。まわりの人たちからは、よく言われた。

「母子家庭だ」

「ご主人の顔、見たことがないわね」

実際にそうであったが、怜子は別に不満には思わなかった。そのスタイルがけっこう気に入っていたのだ。

## 庶民政治家の遠藤の魅力を発信

遠藤は、鹿教湯温泉に通うためその近くの道路まで整備させたが、鹿教湯温泉に二度と行くことはなかった。中伊豆の温泉病院に通うようになったからである。遠藤が入院したときの東大の先生も、「中伊豆の温泉のほうが、鹿教湯温泉よりも効能がある」と勧めたのである。遠藤は、わざわざ鹿教湯温泉まで遠出しなくとも、中伊豆の温泉で養生することができるようになったのである。

遠藤はそういう病との戦いのなかでもくじけることなく仕事に精を出していた。

二階はそういう遠藤の姿に本当に頭が下がる思いがしていた。

二階は心から思っていた。

〈先生の病気を治すことができるならば、なんでもしてあげたい〉

二階の耳に、中国によく効くハリの先生がいるという情報が入ってきた。二階は強く思った。

〈なんとしても、先生を中国に連れて行き、そのハリの先生に治してもらいたい……〉

二階は、それが実現しなかったことをのちに悔やむ。

他方で、こんなこともあった。二階が、昭和四十一年の暮、遠藤の選挙区である沼津市内のある焼鳥屋で秘書仲間と飲んでいたときのことだ。

焼鳥屋のおばさんとの間で、遠藤の話が出た。

二階は、おばさんに訊いた。

「遠藤先生の写真を持ってくるから、ここに飾ってくれるか」

二階らを秘書と知らないおばさんは、声を弾ませた。

「本当に、そんな偉い人の写真を持ってこれるんですか。お持ちになれば飾らせていただきますけど
……」

そこで二階は、そばにいた同僚にこっそり耳打ちして、事務所から遠藤の写真を運んでもらい、おばさんに手渡した。

すると、おばさんは、「本当にお持ちになったんですね」と言って約束どおり、写真を屋台の店に飾ってくれた。

二階は、このことを後日、遠藤に話した。

昭和四十二年一月の総選挙の最中に、遠藤は演説会の帰りにこの店へこっそりと顔を出した。

遠藤は、二階に電話をかけてきた。

「すぐに来てくれ」

二階は、選挙事務所で急ぎの用をしていた。

「忙しいので、おうかがいすることはできませんが……」

遠藤はたたみかけた。

「かまわんからすぐに来てくれ」

二階は、やむなく店に出かけた。

遠藤はニコニコ笑っていた。

焼鳥屋に自分の写真が飾られていたことがよほど気に入ったのだろう。焼鳥屋のおばさんも、まさか写真の主の大臣が店に来るとは思ってもみなかったのだろう。びっくりするやら驚くやらの顔つきであった。

このころ、沼津の名物焼鳥屋街だったが、この当時の焼鳥屋さん店主たちはみな、遠藤に票を入れてくれていたようであった。庶民政治家の遠藤の魅力からであった。

二階は、遠藤仕込みでいつも葉書きを五枚は持ち歩いていた。遠藤の選挙民に会うと、陳情を聞いて、その人の住所と、その陳情の関係者の名前と住所を訊いて書きこみ、東京の議員会館に送った。その陳情が成立すると、書かれた住所にその成果を書いて送った。葉書きをもらった人たちは、直接《じか》に葉書きを受け取ることを喜んでくれた。そうすることにより、しっかりした名簿ができた。

遠藤にとって八回目となる、この昭和四十二年一月二十九日投・開票の第三十一回総選挙では、二階は、地元に入り指揮を執った。

二階は、そのころ第一秘書になっていた。

## 「第一秘書」二階の指揮で果たされた九選

平木一郎も、二階の指揮によって懸命に選挙運動を繰り広げた。

平木は、昭和十三年一月六日生まれ。二階よりは一歳年上であった。静岡大学を出て、東京で就職したが、地元にいる父親を思って「地元でなんとかならないか」と、それまで縁のあった遠藤に相談に行った。

遠藤は言った。

「就職は別にして、しばらくおれのところにいろ」

平木は、沼津市下香貫《しもかぬき》の事務所に行って、書生みたいなことを始めていた。沼津事務所には、こうした書生の人がたくさんいた。

遠藤事務所には、三島市や修善寺など各地域ごとに担当者がいた。遠藤会は、しっかりできあがっていた。遠藤会のメンバーを増やすというより、町内会をまわって固めていけばよかった。

土屋孝男は、昭和二十二年十一月二十六日に静岡県駿東《すんとう》郡裾野《すその》町（現：裾野市）に生まれた。実家から歩いて五、六丁のところに遠藤の家があった。土屋の父親も遠藤会の役員をしていた。

土屋は将来は政治に関わりたいという強い思いから、川島正次郎《かわしましょうじろう》が立ち上げたという専修大学の雄弁会に入って鍛えた。

卒業前の昭和四十四年の九月、遠藤に会いに行った。

「卒業したら、先生のもとで働かせていただきたい」

そのとき、二階も同席した。

遠藤は引き受けてくれた。

「卒業したら、ウチに来い」

しかし、その年の十二月二十七日となる総選挙が迫っていた。土屋は、学生服のまま選挙の手伝いを始めた。

遠藤の立会い演説会や、政見放送がある。その演説の中身について、遠藤が二階に口頭で伝える。それを二階が筆記する。おもな内容は、佐藤政権の推し進めている沖縄返還問題であった。

遠藤は、二階の筆記した文に二回眼を通せば、いざ立会い演説会や政見放送では、紙を見ることはなかった。自分の政策と、沖縄問題について滔々《とうとう》と語った。

土屋は遠藤の姿を見て思った。

〈大局的にものを見られる。頭も凄《すご》くいい〉

遠藤のあとについて動いたのが山本敬三郎と二階であった。

山本は、当時静岡県選出の参議院議員で「遠藤の弟子」を認じていた。山本はじつに緻密《ちみつ》であった。

二階は、行動力をフルに発揮して実行に移していった。

かくして、昭和四十四年の総選挙では、遠藤は九回目の当選を飾った。

## 東名高速の実現に向けた「東海道幹線自動車国道建設法」成立

遠藤は、最初に倒れてから三回もの総選挙を戦い、当選してきた。

建設大臣を辞めてからの遠藤は、東名高速道路や自転車道路の実現に全力を注いだ。

遠藤は、建設大臣を辞めて間もなく超党派の議員によって結成された東名高速道路建設促進議員連盟の会長に就任。他の議員たちと協力し、昭和三十五年五月、議員立法による「東海道幹線自動車国道建設法」を成立させ、今日の東名高速道路の実現にひと肌脱いだのである。

わが国の高速自動車道の整備は、昭和三十一年三月、「日本道路公団法」と新「道路整備特別措置法」が制定されてから拍車がかかった。

これによって設立された日本道路公団はまず、名神高速道路から建設を手がけ、順次、高速自動車道路の整備をはかっていくことになる。

東京―名古屋を結ぶ高速道路については当初、中央自動車道と東名高速道路の二案があったが、財政上の問題などから優先順位、必要性などをめぐって一時、論議が交わされた。

しかし結局は、国策上両方とも必要ということになった。

昭和三十五年五月、「国土開発縦貫自動車道建設法」第三条の規定にもとづく中央自動車道の東京―小牧間の予定路線を定める法律案が政府の手で、「東海道幹線自動車国道建設法」（東名高速道路建設法）案が議員立法によって、それぞれ提出された。いずれも七月二十五日から施行の運びとなった。

この法律の成立により、東名高速道路は、昭和三十七年五月から昭和三十八年十月にかけて計画路線全線の整備計画が策定され、施行命令が出された。

これにもとづいて、工事が急がれた。

第一次工事区間は、東京―厚木三五キロ、富士―静岡四〇・三キロ、岡崎―小牧五三・三キロの三区間で、昭和四十三年四月に完成。

第二次工事区間は、静岡―岡崎一三一・六キロで、昭和四十四年二月に完成。

第三次工事区間は、厚木―大井松田二二・九キロ、御殿場―富士三七・八キロの二区間で、昭和四十四年三月に完成。

そして最終区間の大井松田―御殿場二五・八キロは、昭和四十四年五月に完成し、総延長三四六・七キロに及ぶ全線が開通した。

これによって先に完工していた名神高速道路との相互乗り入れが可能となり、東京―西宮間五三六・三キロのメガロポリスを結ぶ陸の大動脈が実現した。

この実現に遠藤の果たした役割は大きい。

「東海道幹線自動車国道建設法」案は、遠藤ほか五十八人の超党派議員によって提案された。

昭和三十五年五月十七日の衆院建設委員会で、遠藤はこれらの議員を代表して提案理由の説明をおこなった。

「わが国の自動車交通は、経済のいちぢるしい発展で飛躍的に増大した。例えばわが国交通の中核的大動脈である国道一号線の東海道をみても交通量は年々倍増の傾向にあり、このまま推移すると今後五年を経ずして異常事態を招くおそれがある。これに対応するには現国道の拡幅などということも考えられないわけではないが、現実の交通需要は既定の道路整備計画をはるかに上回る状況にあり、この種のものでは本質的な解決は不可能といえる。そこで、この際、別途の創意構想をもって根本的な打開案を講ずる必要があると考える。すなわち、それは東海道に自動車専用の高速自動車国道を早急に建設するということである」

遠藤は、翌五月十八日の建設委員会で、追加説明した。

「この考えは東海道（東名高速）と中央道の二者択一をはかろうというものではない」

同じ発言中で、こうも述べた。

「東海道（東名高速）と中央道とは別個の法体系によって別個の目的でつくっていくという建前をとっているのであり、中央道が建設されることにはわれわれも絶対賛成である」

このように遠藤が東名高速道路をはじめとする高速自動車道の建設に前向きな姿勢を示していたのは建設大臣をやったというだけの理由ではない。

二階によると、遠藤は、大臣になる前に当時外務大臣をやっていた藤山愛一郎《ふじやまあいいちろう》の特使として西ドイツを訪問したことがある。そのとき、西ドイツの進んだアウトバーンを見て、わが国も高速道路政策を根本的に考えなければならないと思ったようだ。そのころから高速道路建設の夢は広がっていたのではないだろうか。

それにしても、東名高速の建設では、遠藤の尽力は大きかった。そして、このようにして実現した東名高速道路は期待した、あるいはそれ以上の役割を充分に果たしている、単に車のスピードアップがはかられたというだけでなく、沿線はもとよりわが国の経済発展に大きく寄与しているのである。

日本道路公団は、さまざまな理由から平成十七年に分割・民営化され、東名高速道路はＮＥＸＣＯ中日本の管轄となったが、その利用状況は、分割・民営化に向けての調査がなされた平成十四年度において、一日平均交通量が四十一万四千八百四十台、同じく料金収入で七億九百二十万五千円を数えている。

このようなことから「第二東名」の必要性が叫ばれ、日本道路公団により平成十四年に御殿場市―浜松市間が「新東名高速道路」として供用開始され、以降ＮＥＸＣＯ中日本において順次拡張、全線開通も間近となっている。

## 「自転車道建設促進議員連盟」による法整備と建設

遠藤は、自転車道路の建設にも精力的に動いた。

二階によると、自転車道路の建設については、早くから各議員のもとへ陳情が続いていた。

昭和四十二年に遠藤にこの話が持ちこまれたのは藤山愛一郎からだった。

「国民の健康増進と交通事故防止のため自転車道路を設けるべきである」という陳情を受けた藤山は、答えた。

「その問題は建設大臣をやったことのある遠藤さんにお願いしてみよう」

藤山は、さっそく遠藤にこのことを話した。

遠藤は、この問題の処理を快く引き受けた。

「趣旨はよくわかりました。子供たちも喜ぶことだろうから一生懸命やってみましょう」

それからの遠藤の動きは、早かった。

さっそく志を同じくする議員たちと連絡を取り合って「自転車道建設促進議員連盟」をつくり、その会長となった。

遠藤は、その法案づくりを急ぎ、議員立法による「自転車道の整備等に関する法律」案を国会に提出、昭和四十五年四月三日、施行へとこぎつけた。

この法案提出に際しても遠藤は、昭和四十四年六月二十六日の衆院建設委員会で、議員連盟を代表して提案理由の説明をおこなっている。

二階は振り返る。

「あのころは、自転車に乗っていて交通事故にあった人は全交通事故の一七％を占めていましたからね。遠藤先生は〝自転車道路ができればこの人たちを救うことができるのだ〟と、それはそれは張り切っておられたもんです」

この法律の施行によって、自転車道路は急ピッチで進められていくことになる。

国土交通省によると、平成十六年現在の全国の自転車道路の建設状況は、車道の側道で歩行者と自転車が共に通れるようになっている道路が七万八六三八キロ、サイクリングロードと称される広義の自転車専用道路が五一一三キロ、完全な自転専用道路は平成十八年四月一日現在で四七五キロとなっている。利用者に便を与えるとともに事故追放にも役立っている。

また、同法施行に際しての目玉となった千葉県銚子市と和歌山市加太を結ぶ太平洋岸自転車道一二〇〇キロもおよそ三分の一以上が完成、残りの区間の工事が着々と進められている。

このように遠藤らの手によってともされた自転車道路建設の灯はその後、二階らに引き継がれ、今も燃え続けている。

具体的には、まず自民党の内海《うつみ》英男《ひでお》（国土庁長官）が会長の「自転車道路建設促進並びにサイクリング振興に関する議員連盟」がそれだ。二階は、その事務局長を引き受けていた。平成十七年に内海の逝去とともに二階も事務局長を退くが、その志はさらに、後述する門三佐博《かどみさひろ》の子息の門博文《ひろぶみ》へと受け継がれていく。

門博文は、平成二十四年に衆議院に初当選し、平成二十六年総選挙にも再選した。二階派に属する。そして、国土交通委員会の委員を務め、積極的な道路行政を提言している。そうしたなか、国土交通省は平成二十一年末時点で、太平洋岸自転車道と同じく、幅員を広げた大規模自転車道の全体計画約四三〇〇キロのうち、全国で三六〇〇キロが整備されたとした。

## 遠藤の死去――最期の日

暮れも押し迫った昭和四十六年十二月二十六日、藤山派のメンバーが会合を開いた。

翌二十七日には、党政調会長、通産相、蔵相を歴任した水田三喜男《みずたみきお》が、村上派、藤山派を吸収して、旧大野派の船田派などといっしょに「巽会《たつみかい》」、水田派を結成することになっていた。

十二月二十七日の朝、遠藤の秘書の笹原喜勝は、練馬の遠藤家に呼ばれた。

遠藤は、笹原に命じた。

「庭に好きなサザンカを植える。穴を掘ってくれ」

笹原はそれまで穴を掘ったことがないので、シャベルを持ち、掘り始めたもののモタモタしていた。

遠藤は、その姿を見ていてつい苛立《いらだ》ち、笹原からシャベルを取った。「こうやるんだ」とみずから穴を掘り始めた。

しかし、二度ほど穴を掘ると、なぜかシャベルを落としてしまった。

「きみがやれ」

遠藤は笹原にシャベルを渡した。

笹原は穴を掘った。

朝の十時から永田町の衆議院議員会館内で総務会の勉強会が開かれることになっていた。笹原は、遠藤の車の運転をし、衆議院議員会館に急いだ。

遠藤は勉強会に間に合った。昭和三十六年八月に自民党総務になっていた遠藤は、プライドを持っていた。

「地域選出の総務がいるが、おれは違う。総裁指名の総務なんだ」

藤山派は、二十七日の昼の都内のホテルでの巽会の会合で打ちそろって水田派に参加することを申し入れた。そして、水田三喜男、江崎真澄《えさきますみ》らの活発な議論が交わされた。

遠藤は、水田派への参加にあまり積極的ではなかった。が、最終的には参加を了承した。

その会に加わっていた田村元《たむらはじめ》は、遠藤の側に座っていた。

途中まで会議が進んだとき、遠藤がグラグラッとした。

遠藤はかつて倒れたこともある。右手が不自由であった。たまにグラッとするときもあった。それゆえ田村はそんなに大事だとは思わず、遠藤を抱き、ソファーに横にした。

会議は続行されたが、遠藤は途中で引き揚げた。

遠藤は、ホテルを出て車に乗り込むや、運転をしている笹原に言った。

「気持ちが悪い」

近くの赤坂の料亭「大野」に入って少し休むことにした。

その夜にも藤山派の会合がおこなわれることになっていた。遠藤は料亭の女将《おかみ》に言った。

「右手がおかしい。調子が悪いから、マッサージを呼んでくれ」

女将は電話をし、マッサージを呼んだ。

マッサージが到着するあいだに、料亭の従業員の検診のための医者がやって来た。女将が、「ついでだから診てよ」と医者に頼んだ。

医者は遠藤を診るなり、険しい表情になった。

「大変だ」

二階は、遠藤から電話を受けた。

「今夜、水田派の結成会がある。寒くなったので、家に帰って休む。きみが代わりに会に出てくれないか」

二階は、困惑した。

〈国会議員が集まって酒を飲む席に、秘書である自分など出席できない。先生には悪いが、出席したことにしておこう。しかし、それにしても、だいぶ具合が悪そうだな〉

二階が、十一年間遠藤に秘書として仕え、初めて忠実に従わなかったことである。

なお二階にとって、その電話のやりとりが十一年間仕えた遠藤との最後の会話になるとは思いもしなかった。

遠藤は、料亭から練馬の家に帰った。

午後七時過ぎ、遠藤は激しい発作に襲われ、そのまま帰らぬ人となった。脳溢血《のういっけつ》だった。六十七歳であった。

遠藤の戒名は、いかにも遠藤の人生にふさわしい「誠心院殿建誉忍光妙三大居士」であった。

## 二階の想いそのものでもあった遠藤への江﨑の弔辞

葬儀の数日前、二階は江﨑真澄に頼まれた。

「きみが自分の思いを書いてくれて結構だから、原稿の下書きを作ってみてくれ。そのうえで、ぼくが直すから」

二階は、いざ弔辞の原稿を書く段階になると、遠藤との十一年もの思い出が脳裏に蘇《よみがえ》り、知らず知らず涙があふれてきた。

〈先生は、脳溢血をみごとに克服し、現職の政治家として、その使命をまっとうされた。わたしも、微力ながら先生のためにベストを尽くした。悔いはないが、寂しい〉

昭和四十七年一月十一日、静岡県沼津市公会堂において、自由民主党静岡県支部葬がおこなわれることになった。

一月十一日、しめやかに葬儀がおこなわれた。葬儀委員長は、藤山愛一郎、友人代表の挨拶は、江﨑真澄がおこなった。

江崎は、二階の下書きを参考にした弔辞を読んだ。

「ここに遠藤三郎代議士のみたまに友人を代表し謹んで哀悼の言葉を捧げます。

きみは十二月二十七日午後七時、突如襲った発作によりにわかに逝去されました。

その日も自民党の総務会や巽会の席上元気に回復されたきみの顔を見ていただけに、わたしたちは耳を疑い、しばし呆然《ぼうぜん》自失いたしました。洵《まこと》に哀惜の極みであります。

きみは東京大学を出られ、ただちに内務省に職を奉ぜられましたが、将来政治家として起《た》つことを思い、当時の貧しい農民生活を救うため『日本の農政』と直接取り組もうと決意され、内務省から農林省に移られたと聞いております。

戦後昭和二十四年の総選挙において、官界の俊才が打ち連れて立候補し、全員当選するという場面がありました。運輸省からは佐藤栄作《さとうえいさく》総理、大蔵省からは前尾繁三郎《まえおしげさぶろう》法相、内務省からは西村直己《にしむらなおみ》前防衛庁長官、農林省からは遠藤三郎元建設相とまさに百花繚乱《ひゃっかりょうらん》の感がありました。

きみは爾来《じらい》、連続当選されること九回、大蔵政務次官、自民党副幹事長、岸内閣建設大臣、自民党農林漁業政策調査会会長、同経済調査会会長等、幾多の要職を歴任され、現に党総務として重きをなされ、在職満二十三年に及びました。わたしはその間まったく影の形に沿うように政治活動を共に続け、兄弟のような親交を重ねてきたのであります。もちろんきみが兄で、わたしが弟のお付合いであったことは申すまでもありません。

きみが他界される数時間前、わたしは隣り合わせに座って、ご病気が快方に向かったことを喜び、

『もう一歩でもとどおりですね』と激励をしました。

きみは特殊治療でにわかに元気になったよと喜ばれ、正月休みには、ゆっくり療養したいと話しておられました。齢《よわい》六十七歳、政治家としては今後に充分の活躍が期待されていたのであります。政治家の宿命とは申せ、文字どおり東奔西走郷土のために、また、国家のため立ち働いてこられた長年の過労がこの不幸を招いたのでありましょう。

まことに痛恨の極みであります。たとえ病床に伏しておられようとも、この世に在《あ》られれば、難問題や重大問題に遭遇したときは、なんでも相談ができ、いつも適切妥当に判断をいただけたであろうと思うにつけ、あふれる涙のとどめようもありません。

思えば、昭和三十三年の春、時の岸内閣総理大臣から『自分の後継者は外務大臣の藤山愛一郎君をおいてほかにはない。自分の側近からは遠藤三郎君を出す。江﨑君と小沢佐重喜《おざわさえき》君と三人が協力してどうか藤山派を発足させてもらいたい』という強い要請に接しました。わたしたちはその後、藤山先生の高い識見とそのお人柄に尊敬の念を覚え、藤山先生を囲む会をつくり、政治活動を共にしてきたのであります。爾来、十幾年、幾度も困難な立場に立たされましたが、お互いに励まし合い協力し合って今日に至りました。きみに受けた数々の友情を思い、洵に感慨無量のものがあります。

きみは政策に明るく、建設大臣に就任されるや、東京都内の交通事情を緩和するため、首都高速道路公団を設立され、今日の東京都内の高速道路の基礎をつくられました。さらに東名高速道路建設の調査に着手されたのであります。建設大臣退任後は、東京から愛知までの国会議員八十数名に政党政派を超えて、東名高速道路建設の必要性を呼びかけ、みずから議員連盟の会長となって『東名高速道路建設促進法』を議員立法として提案されました。しかして、みごと三千四百億円の巨費を投じた今日の東名高速道路の完成を見たのであります。まさにこの道路こそは、遠藤高速道路と呼ぶべきものであります。さらに最近のきみは第二東名高速道路建設の必要を力説しておられました。また世の子供たちのために全国自転車専用道路の建設に情熱を傾けてこられました。これまたきみの手で『自転車道路建設促進法』ができあがり、年々予算も増額されて、今や千葉県から和歌山県に至る太平洋自転車専用道路の建設等が着々と実行に移されているのであります。

きみのつねに時代の要請を先取りする鋭い洞察力とその実行力は、党派を超えて同僚議員を驚かせ、また敬服させたものであります。今ほど政治家に深い洞察力と決断が要請されているときはありません。君のような高邁な理想と豊かな識見を持ち、しかも旺盛な実行力を兼ね備えた政治家を失ったことは、郷土静岡県は申すに及ばず邦家のため、まことにかえすがえすも残念なことであります。しかし遠藤さん、このうえはどうぞ静かにお眠りください。今日、きみがこよなく愛し、深い信頼によって結ばれた地元八万に及ぶ遠藤会の代表者は各地区から続々集まって来られました。

きみの政治生命は遠藤会の皆様やわたしたちの心の中に生きているのです。またお子様たちも立派に成人され、それぞれの生業に励んでおられます。

令夫人も孝養深いお子様やたくさんのお孫さんたちに取り囲まれておられます。しかも長男節君には、後援会の皆様のご理解とご支援があればきみの素志を受け継ごうという決意を固めつつあられると聞いております。本日は友人を代表して水田大蔵大臣が弔詞を捧げることになっておりましたが、本年度予算編成の中心にあるためどうしても来ることができませんでした。藤山先生や水田大蔵大臣をはじめ同志一同結束して、あなたの友情と信頼にお応えすることをお約束して心からご冥福をお祈りしてお別れの詞と致します。昭和四十七年一月十一日」

## 「遠藤の弟子」を任じる山本敬三郎静岡県知事の追悼

山本敬三郎《やまもとけいざぶろう》静岡県知事は、「遠藤の弟子」を任じていたが、遠藤について後年、『追悼集』でこう述べている。

《先生は一言で言えば、役人出身にしては、他に例を見ない「変化球投手」型の政治家でありました。難しい問題に打ち当ると、予《あらかじ》め凡《あら》ゆる場合を考えぬいて、相手方の出方や、その場その場の雰囲気等を想定して、いくつものシナリオを用意した上で、緩急宜しく柔軟に対処しながら、いつの間にか事を成し遂げてゆくというタイプで、その知恵のひらめき、読みの深さ、さばきの巧さには絶品と言えるほどのものがありました。》

この遠藤評を読むと、まさに現在の二階の姿と重なり合う。二階も、十一年間、遠藤に仕えるうちに学んでいったのであろう。

ともあれ、葬儀の数日後、二階は元旧制浦和高校の教授や地元の裾野市長を務めた遠藤の兄佐市郎のもとに挨拶に出向いた。佐市郎は白内障で、ほとんど眼が見えなくなっていた。

佐市郎は、弟の三郎と同じく、一高、東大の秀才で、佐市郎のほうが学業では優れていたといわれていた。旧制浦和高校では、のち内閣官房長官や外務大臣を務める伊東正義《いとうまさよし》を教えた。

裾野市長時代には、市長として陳情があると、二階によく頼んできた。

「三郎に頼むよりはきみに頼むほうが確実だから」

佐市郎は、市長時代、若い二階に細かいことまで教えてくれた。

「二階君、タクシーを降りるときにね、よく一万円札を出してお釣りがどうだこうだとわずらわす乗客がいるだろう。乗った所からどのくらいの距離で降りるかを計算して、前もって見当をつけて金額を用意しておかなければいけないよ」

佐市郎が、二階にしんみりした口調で言った。

「残念なことに、わたしにはあなたの姿がもう見えません。しかし、あなたのようすは、声を聞いていてわかります。あなたは三郎のために、じつによく尽くしてくれました。大変な苦労をかけたと思います。政治の世界には、いろいろあると思いますが、やはりあなたが三郎のあとを継いでくれるのが一番いいと思ってます」

佐市郎は、二階に遠藤の後継者として総選挙に出馬しないかというのである。

二階は、佐市郎にそう言われて感無量であった。

が、二階はきっぱりと断った。

「いえ、わたしは、そのようなことは夢にも思っておりません。これまで期待もしてこなかった。しかし、わたしが遠藤先生に十一年間仕えたことは、佐市郎さんのその一言で、充分に報われました。郷里には、わたしの帰りを待ってくれている人たちがいます。わたしは、郷里に帰ります」

二階はこのとき、昭和四十二年四月十五日におこなわれた和歌山県会議員選挙で落選の憂き目にあった父親のあとを継ぎ、県議選に出馬する肚《はら》を固めていた。

二階は、政治家の苦労は父親と遠藤を見て知っていた。落選をした政治家もたくさん見てきた。若いときは他県で苦労するのもいいし、調子のいいときはそれでいいが、人間、何があるかはわからない。やはり政治にチャレンジするなら、原点である故郷から出馬するべきだと考えていた。幸い地元に小なりといえども父親の古くからの選挙地盤がある。

遠藤のあとを継いで静岡から出馬すれば、遠藤に十一年も尽くした姿を遠藤の後援会の幹部も見ている。当選の確率は高い。しかし、二階は、郷里に向かった。

## 『追想遠藤三郎』への取材、資料収集

遠藤亡きあと、遠藤の秘書の土屋孝男は、二階に訊かれた。

「これから、どうする？」

土屋は、専修大学を昭和四十五年の四月に卒業し、遠藤の事務所に入り、昭和四十六年の十二月に秘書生活に別れを告げることになった。

「二階先輩は、どうなさるのでしょうか」

「とりあえず、遠藤先生についての本を書きたい」

土屋は、即座に答えた。

「いっしょに勉強させてください」

二階は、当時港区六本木一丁目にあった防衛庁裏の赤坂レジデンシャルホテルの三〇六号室に「二階政治研究所」をつくった。

事務所には、二階と土屋の二人のほか、知人の姪っ子に手伝いをさせた。

二階や土屋は、遠藤の地元をまわって取材を続けていた。

が、一年後に、当時大蔵省政務次官であった参議院議員の山本敬三郎が静岡県知事選挙に立候補することになった。その責任者には、遠藤の秘書をしていた平木一郎がついていた。土屋孝男は、知事選に人が足りないので、平木のもとで秘書として働くことになった。

結局、二階の書こうとしていた遠藤の本は、取材をし、資料が集まっていたが、中断することになった。二階自身も、和歌山県議選に向かって忙しくなっていたのだ。

ただし、二階が集めた資料は、二階の執念によって、のち平成二年六月十二日に上梓された『追想遠藤三郎』に活かされていく……。

# 第5章　政治家の才能

## 和歌山県議選の一期見送りの秘話

二階俊博《にかいとしひろ》と同期当選の門三佐博《かどみさひろ》によると、じつは、二階には、昭和四十六年（一九七一年）四月の和歌山県会議員選挙に御坊市選挙区から出馬する話もあったという。

その話を聞いて、妻の怜子《れいこ》は覚悟を決めたつもりであった。

〈妻として、反対はできないんだな〉

ところが、突然声が出なくなってしまった。自分でも信じられなかった。

〈あぁ、わたしの体が抵抗したんだな……〉

声が出ない状態が続いてから二ヵ月後、二階が怜子に言った。

「出馬を一期、見送るよ」

すると、声が出るようになった。嘘《うそ》のようであった。

そのときは、現職県議の松本計一の頼みを受けた衆議院議員の正示啓次郎《しょうじけいじろう》が動き、大橋正雄《おおはしまさお》和歌山県知事や当時の自民党県連の幹事長に根回しをし、二階が出馬を見送るように圧力をかけたのであった。

結局、このとき、二階は出馬を見送り、四年後の県会議員選挙を見据《みす》えて、四年の雌伏の時期を過ごすことになった。

## 僚友・愛野は国政への出馬を一期見送り

二階が佐賀県の参議院議員杉原荒太《すぎはらあらた》の選挙の手伝いで親しくなった愛野興一郎《あいのこういちろう》は、のちに佐賀県会議員に当選し、その後、昭和四十七年十二月十日の衆議院議員選挙で、国政に転じる。

愛野の国政転出も、じつは、二階との縁があった。

杉原を無事に当選させた二階は、東京に帰り、遠藤三郎《えんどうさぶろう》に愛野のことを報告した。

「今回の選挙を共に戦った愛野興一郎さんが今度、佐賀県会議員選挙に出馬するんです。ゆくゆくは、国政挑戦を考えている方で、大変素晴らしい人物なんで、一度、東京に来たときに会ってくれませんか」

遠藤は、二つ返事で了解した。

「いいよ、もちろん会うよ」

遠藤は、二階の願いを聞き、愛野のことを気にかけるようになっていった。

二階は、愛野の初めての県議選にも、遠藤の要請で応援に行った。シンボルマークも、二階がつくったほどである。

県議になった愛野は、国政進出に向けて徐々に動き始めた。

愛野が最初に出馬を視野に入れたのは、昭和四十四年十二月二十七日におこなわれた第三十二回衆議院議員選挙であった。

選挙区は、もちろん五人区の佐賀県全県区で、官房長官や幹事長を務め、佐藤派の大幹部である保《ほ》利茂《りしげる》などがいた。

いよいよ選挙が近づいてきたころになり、二階は、遠藤に言われた。

「愛野君のことだけど、今すぐ出馬すると、同じ佐賀県の保利茂さんの了解を得る時間がないぞ。ここは、次の選挙にしないと、愛野君の将来が難しいぞ。政治家として成長せずに、このままだと保利さんに潰《つぶ》されちゃうかもしれないぞ」

遠藤のアドバイスを聞いた二階は、愛野にそれを伝え、本人と相談した。

愛野も、遠藤の助言を聞き、出馬を断念した。

遠藤も、愛野の決断に対して、次の選挙での応援を惜しまないことを約束した。

が、ここでまた異変があった。

二階の仕える遠藤三郎が昭和四十六年十二月二十七日に病死してしまった。

二階も愛野も困ってしまった。

困った二階は、愛野の国政挑戦について、江崎真澄《えさきますみ》のもとに相談に行った。

「江崎先生、じつは相談があります。遠藤さんのアドバイスで、一期出馬を見送っていた愛野興一郎を田中《たなか》派から立候補できるように、田中角栄《かくえい》さんに相談してくれませんか」

江崎は引き受けてくれた。

「じゃあ、田中さんに話してあげよう」

二階の必死の周旋と江崎の協力もあり、愛野は田中派の自民党公認候補として出馬することになった。

昭和四十七年十二月十日、第三十三回衆議院議員選挙がおこなわれた。五人区の佐賀全県区で出馬した愛野は、みごと、七万二千四百三十六票を獲得し、第三位で初当選を飾った。

ちなみに、二階によると、この衆院選で、保利茂は、自民党内で区割りをした自身の票田の地域を越えることをいっさいせずに、愛野が当選しやすい環境を整えてくれた。

二階は、振り返って思う。

〈保利茂という政治家は、スケールの大きい政治家だったな〉

二階と愛野の縁はその後も続き、二階が衆議院議員になり、愛野と同じ田中派の議員となるとさらに深くなる……。

## 小沢一郎、中馬辰猪……種々の応援を受けての県政初挑戦

二階は、昭和四十九年春、東京での生活に別れを告げた。

地元にどっかりと根を下ろし、選挙活動に本腰を入れることになった。

昭和五十年四月、和歌山県議選がおこなわれた。満を持して出馬した二階は、現職県議の松本計一とぶつかった。

門三佐博によると、じつは、二階が一期見送ると表明した裏に、現職県議の松本計一は、「四年後

には譲る」ということを二階にほのめかしていたようであった。

だが、実際に任期満了が迫っても、二階に議席を譲る素振りはいっさい見せなかった。それどころか、もう一期やるようなようすであった。

二階は、覚悟を決めて、現職と真っ向勝負することになったのだ。

選挙は定数一名を争うまさに小選挙区であり、和歌山県政史上に残るような大激戦を演じた。

このとき、後援会の中心となってくれたのが小学校や中学校の同級生たちであり、日高高校時代の野球部や応援団を中心とした仲間たちであった。

さらに父俊太郎の古くからの熱心な支持者たちであった。

二階が日高高校の野球部の応援団として甲子園に出かけたとき、野球部の監督をしていた先生が、二階に言ったものだ。

「今回の甲子園出場は、二階君の将来のために行ったようなもんだな」

先生は、二階がやがて選挙に出ると思ってそう口にしたのだが、二階には反発のほうが大きかった。

〈なにも、そんなこと考えて応援はやってるんじゃないよ〉

しかし、今回戦いを迎えて、日高高校の仲間の応援はじつにありがたく、野球部の先生の言ったことをあらためて思い出し感謝の念をいっそう強くした。

このとき、遠藤の関係では遠藤の弟子を自認していた静岡県知事の山本敬三郎、沼津市長の原精一が駆けつけてくれた。

さらに鹿児島県選出の中馬辰猪《ちゅうまんたつい》代議士も駆けつけた。

中馬は、佐藤派で、遠藤は藤山派。派閥的には犬猿の仲であった。ところが、衆議院議員会館の遠藤の部屋と中馬の部屋が近かった。その縁で、中馬は二階を可愛がってくれた。

「二階君、その秘書のバッジ、早くおれたちのようなバッジに付け替えるようになりなさい」

しょっちゅう、そう言ってくれた。

今回、二階の初陣に駆けつけてくれた中馬は選挙民の前で声を張り上げた。

「花は霧島、タバコは国分といいますが、国分からやって来ました。物見遊山で紀州までやって来たわけではありません！」

二階は、みんなの前で中馬を紹介した。

「中馬先生は、やがて内閣改造があるときには、建設大臣か運輸大臣になられる方です」

中馬は、二階の予言どおり、翌年の昭和五十一年の三木《みき》改造内閣で建設大臣として初入閣を果たす。

当選二回生であった小沢一郎《おざわいちろう》も駆けつけてくれた。

じつは、二階は、小沢とは、小沢が代議士になる前から顔見知りであった。

昭和四十三年五月八日、小沢の父親の佐重喜《さえき》が死去した。佐重喜は、二階が秘書として十一年間仕えた遠藤三郎とともに藤山派の重鎮であった。

遠藤は佐重喜の地元岩手県でおこなわれた葬儀に出席するため、飛行機で岩手県入りした。脳溢血《のういっけつ》で倒れ、療養中の身であった遠藤が、その生涯を終えるまでの十年間の間、飛行機に乗ったのは、その一回だけであった。

数日後、小沢と小沢の母親のみちが議員会館の遠藤の自室にやって来た。佐重喜の葬儀に出席してくれたことへのお礼の挨拶をするためである。

しかし、あいにく遠藤は外出中で不在であった。遠藤に代わって、二階が挨拶を受けた。

小沢は言った。

「先日はお忙しいところ、遠藤先生に父親の葬儀に出席していただき、誠にありがとうございました」

二階は眼を丸くした。

〈この方が、ご子息なのか。ずいぶんと若いんだな〉

これまでにも、政治家の不幸に際し、その子息がお礼の挨拶にやって来ることが、しばしばあった。が、子息といっても、良くいえば円熟味を増し、悪くいえば峠を越している人がほとんどであった。

しかし、小沢は極端に若かった。話を聞いてみると、慶応大学を卒業後、今は日本大学の大学院生だという。二階より三歳年下の二十六歳であった。小沢は、それから一年半後の昭和四十四年十二月の総選挙でみごと初当選を果たした。

二階は、そのとき、江﨑真澄に言われた。

「今度、小沢佐重喜さんの息子さんが当選した。きみは、かれを知っていたかな」

二階は答えた。

「ええ。一度、議員会館のほうにご挨拶に見えました」

「そうか。小沢君ときみは、歳もそう違わない。何かのときには、お手伝いをしてあげてくれ」

「はい。わかりました」

二階は同年代という親しみもあり、小沢と急速に親しくなっていく。

県議選には、愛野興一郎、山東昭子《さんとうあきこ》も駆けつけてくれた。

父親のつながりでは、終戦後もフィリピンで三十年間戦闘を続けていた元陸軍少尉小野田寛郎《おのだひろお》の父親で、戦前、二階の父親俊太郎と県議として一緒であった小野田種次郎も応援に来てくれた。

小野田種次郎は、かって公認問題か何かで二階俊太郎の邪魔をしたことがあった。その罪滅ぼしというわけでもあるまいが、怨念《おんねん》を超えてのことであった。

小野田種次郎を紹介するとき、肩書きを「小野田少尉の父」としようとすると、怒った。

「小野田少尉の父では、つまらん。『元県会議員小野田種次郎』と書いてくれ」

ほか、日本道路公団副総裁を務めた佐藤寛政《さとうひろまさ》らの豪華メンバーが応援に駆けつけた。

## わずか百十票差の大激戦での勝利

二階は、この初陣で怜子に言った。

「挨拶回りをして来てくれ」

今回は、怜子は観念していた。

〈もうしょうがない。これは逃げられない〉

このときには、昭和四十七年五月二十二日生まれの次男の直哉もいた。

怜子は、覚悟を決め、長男と次男の二人の子供を連れて、東京に別れを告げて、和歌山に帰った。御坊市に帰ったとたん、まさに戦争であった。なにしろ一対一で戦う相手は選挙のベテランであった。

怜子は、毎晩三軒くらいは、お葬式や通夜へ行った。結構通夜があり、相手陣営が行くから、こちらも行く。二階も行ったし、怜子も行った。

子供は、怜子の親のところに預けて、毎日選挙運動に奔走した。怜子も挨拶の演説もした。生きているか死んでいるかわからないくらいの大変さであった。

二階の家や二階陣営には、いやがらせの凶事の黒い水引《みずひき》を付けた葬式の花が贈られてきた。

怜子は、支援者と相手陣営の強い地域に車で入った。すると、車が相手陣営の人たちにいきなり取り囲まれた。

「二階は、ここには用事はない。帰れ！」

怜子らを車から降ろしてくれない。

このときほど暴力的な厳しい選挙はなかった。

怜子は、こういう戦いをするうち、度胸が据《す》わってきた。

彼女は言う。

「主人より度胸は据わりましたよ」

のちに門三佐博は、二階からその戦いの凄《すさ》まじい選挙戦について話を聞いた。

「御坊市民が二人いたら、一人はおれの支持者で、もう一人は、相手の支持者なんだ。そのくらいの大接戦だったよ」

四月十三日、開票が始まった。

二階は、選挙事務所の近くで、結果を待っていた。

そろそろ結果が出るころ、二階は、選挙事務所に電話を入れた。

遠藤の関係者のいる静岡の人たちも、当選を待ち望んでいるので、早く結果を知らせたかった。が、電話が話し中でなかなかつながらない。

一方、選挙結果を一刻も早く知りたい佐野嘉吉静岡県連幹事長も二階の選挙事務所に静岡から電話をかけたがつながらない。佐野は思った。

〈電話がつながらないということは、選挙事務所にまだ人がいるということだ。希望が持てるということだな〉

二階は、松本を三千票は離して勝つと読んでいた。

大接戦の結果、二階は初陣を飾った。ところが、二階は、九千三百八十六票、松本は九千二百七十六票。投票率九一・六％、なんとわずか百十票の差であった。

二階は、選挙事務所に駆けつけた。応援してくれた人たちに感謝していると、静岡県連の佐野嘉吉から電話が入った。

佐野は、二階がわずか百十票差だったことを告げると、言った。

「それは良かった。むしろいい勝ち方だ。次はだいじょうぶだ」

そんな激戦なら、ベテランの相手は相当こたえているというのだ。

じつは、次の選挙では佐野の言ったとおり、松本は出馬しないで二階は無投票で当選することになる。が、二階はこの百十票差の戦いがひどくこたえていた。

〈こんな戦いは、もう二度とごめんこうむりたい〉

## 同期初当選の県議の僚友・門三佐博

この県会議員選挙で、二階と同様に初当選を飾った門三佐博は、昭和十一年七月二十二日、伊都《いと》郡伊都町（現：かつらぎ町）志賀九九八に生まれた。

南北に細長いかつらぎ町は、和歌山県の北東部、伊都郡の西部に位置している。北には、町名のもととなった和泉葛城山《いずみかつらぎさん》が所在する和泉山脈があり、南には、紀伊山地がある。

門が二階と知り合うようになったのは、昭和五十年四月におこなわれた和歌山県会議員選挙がきっかけであった。

というのは、門が二階と初めて会ったのは互いに県会議員になってからであったが、門はそれ以前に二階の存在を知らされていたからだ。

門は、県議当選前に、自民党和歌山県連で自民党の組織駐在員として十三年ほど、勤務をしていた。そのため、二階の父で昭和四十二年四月の選挙で落選するまで和歌山県会議員であった二階俊太郎とは以前から面識があった。

門は、あるとき、俊太郎から聞いたことがあった。

「うちの息子の俊博は、東京で、衆議院議員の遠藤三郎先生の秘書をやっているんだよ」

門は、このときの県会議員選挙で、二階が定数一の御坊市選挙区で激戦を勝ち抜いたことを知り、思った。

〈俊太郎先生の息子さんも、当選したんだな。よかった〉

## 「清新クラブ」結成――風通しの悪い県議会に新風を吹きこむ

二階が初当選を飾ったとき、和歌山県議会は、県会議長選挙をめぐって、会派が分裂していた。

また、県議会の風通しも非常に悪かった。三期、四期、五期と当選を重ねて、経験を積んだ古参議員でないと、役職がまわってこない、意見が通らないという閉塞《へいそく》状態であった。

二階や門は、新人議員や若手議員による新しい会派を結成することにした。

「和歌山県議会に新風を巻き起こそう」

メンバーは、二階と門のほかに、のちに自民党の衆議院議員となる岸本光造《きしもとみつぞう》、富田豊、西本長浩、亀井昿、竹中俊雄、山形繁雄、馬頭哲弥、松本源一の八人を加え、計十人だった。

新人議員が多く、門によると、県会議員選挙を必死に戦っていたために、まだ四月だというのに、みんな、真っ黒に日焼けしていたという。

十人は、会派結成に向けて話し合いを重ねていった。

和歌浦の旅館「石泉閣」でおこなわれた会合で、ようやく名称が決まった。

会合をしていた部屋に書が一つ掛かっていたのだ。書には、「清新」と書かれてあった。

それを見た参加者の一人が声を弾ませた。

「よし、これにしよう！　和歌山県政に清く新しい風を巻き起こすいい名前じゃないか」

二階や門も、この提案にすぐに乗った。

こうして、昭和五十年五月七日、ついに新会派「清新クラブ」が結成された。「県民に福祉を！　県政に新風を！」が合言葉であった。

初代委員長には、山形繁雄、幹事長に馬頭哲弥が就任した。

ちなみに、二代目の委員長には、門が就任し、二階が幹事長となり、コンビを組んでいる。

清新クラブの活動は活発であった。

昭和五十年七月二十二日から二十五日にかけては、東京の自民党本部で夏季議員研修会をおこなった。

講師は、和歌山県選出の国会議員のほかに藤井《ふじい》直樹《なおき》経済企画庁総合計画局参事官（のち経済企画庁事務次官）や、石原信雄《いしはらのぶお》自治省財政課長（のち自治省事務次官、内閣官房副長官）、土屋《つちや》佳照《よしてる》自治省選挙部長（のち自治省事務次官、鹿児島県知事）、衆議院議員の江﨑真澄、中曾根《なかそね》康弘《やすひろ》らであった。

この夏季議員研修会は、その後も続き、翌昭和五十一年には、法眼晋作国際協力事業団総裁、梶原清運輸省航空局飛行部長（のち参議院議員）、木戸武関西国際空港対策室長、松岡英夫『毎日新聞』論説顧問らが講師として講演している。ちなみに、昭和五十三年夏の夏季議員研修会では、衆議院議員の小泉純一郎《こいずみじゅんいちろう》も、講演している。

## 県議会本会議での初質問は父子二代の「椿山ダム」問題

昭和五十年十二月の県議会本会議で、二階は日高川上流の椿山《つばやま》多目的ダム建設問題などについて初質問することになった。

和歌山県は、台風の通り道になることも多く、災害が多いことで有名でもある。その当時、浸水するほどの豪雨となると、畳を上げて高いところに積み重ねる。畳の下の板張りの板には番号がふってあり、水が出て流れたあとでもすぐに元に戻せるようにしてあった。それだけ災害の常襲地域でもあった。

二階の記憶でもっとも印象深いのは、昭和二十八年七月十七日から七月十八日にかけての集中豪雨によって起こった、和歌山県史上最悪の気象災害、いわゆる「七・一八水害」である。この水害では、死者行方不明者合わせて一千四十六人、家屋全壊が四千二百三十棟、家屋流出被害者は四千四百四十一名に及んだ。

二階は、十四歳、中学二年生であった。その日は家に帰ることができず、高校の野球部の合宿所で一夜を過ごした。

二階の印象に残っているのは、水害のあとのことだった。稲村村長や、父親の二階俊太郎の友人が、大きなリュックサックを背負って大阪からやって来た。それも鉄道は不通状態だったので、船を乗り継いでやって来たのだという。リュックサックには、非常用の缶詰が、あふれんばかりに詰められていた。紀州で大水害が起きたと聞きつけ、とにかく食料を運んで来てくれたのだった。このときの恩を、二階は、いまだに忘れることができない。

災害常襲地域であったがために、防災は、和歌山県にとって大きな課題であった。防災のために築かれた一つが、和歌山県美山村（現・日高川町）の奥地にある椿山ダムである。昭和四十一年着工を計画していたが、二階は、昭和五十年から二期にわたって和歌山県会議員を務めるあいだにも、県会で、その建設促進にかかわる質問をした。そのために、さまざまな資料を探した。

二階は事前に過去の県会議事録を調べてみた。複数の議員が議場でダム問題について質問演説をしている。しかし、いちばん初めにダムの必要性を訴えたのは、なんと父親の俊太郎であった。

二階は不思議な因縁を感じた。

〈奇《く》しくも、父子二代にわたって県政壇上で、まったく同じ問題をとらえて演説するのか〉

二階は自分の考えをまとめると、椿山ダムの問題について先輩である父親のもとを訪ねた。約一時間ばかり意見を交わした。

二階の説明に、父親が答えた。

「いきさつや考えは、そのとおりだ。なかなか大きな事業だから、やりかけたら実現するまで頑張れ。しかし、あの七・一八水害当時の御坊周辺の人たちの水害の悲惨な姿をもっと強く訴えて、ダム建設を遅らせてはならないということを当局に迫るべきだ」

「わかりました」

なお、このとき、二階はこれが父親と語り合った最後の会話になるとは夢にも思わなかった……。

十月三日、二階はある式典に出席していた。その最中、自宅から連絡が入った。

「お父さんのようすが、おかしい」

二階は式典を終えると、急いで駆けつけた。

父親は布団で寝ていた。

二階は声をかけた。

「今日は、これから県庁に行くことになっているが、行ってもいいですか」

父親は、小さいながらも、はっきりした口調で答えた。

「だいじょうぶだ」

二階は父親の病状を気にかけながら県庁に出向いた。

その夜、県の当時の財政課長涌井洋治（元大蔵省主計局長）や砂防利水課長の中村堅（故人）ら当局との打ち合わせで遅くなった。二階は和歌山市のホテルに宿泊した。深夜二時、電話のベルで叩き起こされた。先輩県議の笹野勇からの電話であった。

「大橋正雄《おおはしまさお》知事の病状が、急変したぞ」

二階はただちに和歌山医大に駆けつけた。先輩や同僚議員と朝まで病院で過ごした。だが、大橋知事はその翌朝に亡くなった。二階は大橋知事の遺体を公舎に見送り、県庁に戻った。二階ら同志の県議は、知事急逝後の県政について打ち合わせをするため、場所を変えて会合を持つことになった。

ところが、夕方、父親の容体が急変した。連絡を受けた二階は、急いで自宅に戻った。が、父親の最期には立ち会えなかった。

二階は県政の父大橋知事と、実の父を同じ日に失うという二重の悲しみと衝撃を受け、このときほど人生の無常を感じたことはなかった。

## 「追想記」から知る父・二階俊太郎の「畑かん業」の奇想

一方で二階は、父への思いを新たにした。

二階俊太郎は、戦後に復帰してからは、県議選の勝敗は、四回挑戦し、二勝二敗であった。

和歌山県議会議長の塙坂治郎五郎は、そうした二階俊太郎について、「追想記」で俊太郎の功績をこう書いている。

《日高川の井堰統合、日高平野の水利事業、名田の畑地かんがい事業、国道四十二号線の由良回り変更、災害復旧など枚挙にいとまがありませんが、そのご功績を語るとき忘れてはならないのは、名田地区の畑地かんがいと国道四十二号線の由良回り変更の大事業の推進であろうと思います。

御坊市塩屋地区から名田を経て印南町浜地区に至る延長十五キロ、幅五百メートルの丘陵地帯は水利に恵まれないため干害に悩まされていたので、県は池を改修してかんがい計画を進めようとしていましたが、故人がこれでは効果が十分でないから水源を日高川に求め、この地帯二百五十ヘクタール全域にかんがいできる施設に変更するよう強く要望し、議会の本会議ごとに「二階さんの畑かん問題」といわれる程ねばり強く県に決断を迫り、中央へも陳情してようやく三十六年に実施に踏み切らせたのであります。工事は三十八年から総工費三億二千八百余万円で、四十一年度に完成をみたのでありますが、この事業によって同地区の畑地農業の面目が一新し、関西では奈良県につぐ西瓜の産地となる一方、経営の転換によって農家個々の経済も大きく伸びたことはご承知のとおりであります。国道四十二号線の由良回りもまた、当初はかなり反対があったのでありますが、故人の強い要望と説得でその実現をみたのであります。

また、先覚者の功績を顕彰することを念願し、かつて戦時中に金属回収で供出されたままになっていました初代議長浜口梧陵翁銅像の再建を提言して、議会庁舎前広場に建立できたのも故人の情の厚い一面をうかがうことができましょう。

これらは二階氏の実行力と信念の強さを物語る一例に過ぎませんが、ある会合の席で「政治に生命をかけている」といわれました。こうした言葉は誰しもがよく口にしますし、また筆にもいたしますが、実践力のある氏の口から聴きましたとき、私は思わず襟を正し、身の引き締まる感激を覚えたことを今なお忘れることができません。》

二階は、父親の「畑かん業」について思う。

〈山を越えて日高平野に水を持ってくるという、奇想天外というか、誰が聞いてもびっくりする〉

それを一生懸命言って、二階の「畑かん演説」は有名であった。その平野は、前はサツマイモを作るしかなかったのが、今は花を作ったり、豊かな土地になった。

## 清新クラブから「清新自民党県議団」への転換と新知事の擁立

この新たな思いをエネルギーに、大橋和歌山県知事の死去後、和歌山県議会議員であった二階俊博は、「清新クラブ」の仲間たちと今後の対応について協議した。

前述したように、清新クラブは、昭和五十年四月の県議選で初当選した若手議員十人により結成された。

また、これも前述したことだが、和歌山県議会は、三期、四期、五期と当選を重ね、経験を積んだ古参議員でないと、役職がまわってこない、意見が通らないという閉塞社会にあった。そのような閉塞社会を打破するために結成したものであった。後年、自民党代議士となった岸本光造も名を連ねていたように、すでに議長を経験し今や県政界の重鎮である馬頭哲弥といった存在もあり単なる若手の集団ではない。そして、二階ほか門三佐博、西本長弘などが中心メンバーとなっていた。

二階らは、意見を交換した。

「われわれは、大橋知事の死を悲しんでばかりもいられない。知事選に、どう対応すべきだろうか」

「新しい知事を選ぶには、どうしても自民党公認が重要な要素になってくる。放っておくと、自民党県議団の幹部たちが勝手に自分たちの都合のいい知事をつくるぞ」

「そうさせないためにも、われわれは、自民党に入党しようじゃないか」

協議の末、清新クラブは、この日、自民党に入党した。清新クラブの「清新」をとり、「清新自民党県議団」が結成された。

知事選には、大橋知事のもとで、副知事を務めていた仮谷《かりや》志《し》良《ろう》を推薦することを決定した。

仮谷の推薦に向けて、動いたのも二階であった。

二階は、門たちに訴えた。

「今回は、やはり副知事の仮谷さんを推そう」

二階の尽力もあり、仮谷は、自民党公認で出馬することになり、十一月二十三日におこなわれた和歌山県知事選挙で当選。以降五期二十年にわたり、県政を担った。

当時、和歌山県議会には、自民党、社会党、公明党、民社党、共産党、県民クラブ、そして清新クラブの七会派があった。

自民党は中央政界では政権党であるにもかかわらず、定数四十六の過半数に満たず、自民党を除く六党派の議席数の合計が、過半数を上回っていた。

自民党は、清新クラブの十人が加わったため、ようやく過半数を維持することができた。そのため、二階らは一期生でありながら、議長選挙や首長選挙などをはじめ、あらゆることにキャスティングボートを握ることになった。

二階らはまず政治献金問題について訴えた。

「われわれ清新自民党県議団は、特別な企業や偏った団体から政治資金を集めるのはやめにしましょう。広く多くの人から支持を受けるべきです」

その主張が受け入れられ、各選挙区で一万円会費の資金集めパーティーがおこなわれることになった。ホスト役となる議員は、それぞれゲストを呼ぶことにした。

二階は考えた。

〈わたしの選挙区には、どなたにおいでいただこうか〉

二階はひらめいた。

〈そうだ、小沢一郎先生にお願いしよう〉

小沢には、初陣を飾った県議選にも応援に来てもらっていたが、小沢は、その後の昭和五十一年十二月、福田内閣発足とともに建設政務次官に就任していた。

二階が小沢に連絡を取ると、和歌山県議会の清新クラブのパーティーのゲストとして出席してくれるとの承諾を得た。二階はどのような形でパーティーを開くかを思案した。

二階は県議選出馬の際、「3ラブ・キャンペーン」という公約を掲げていた。「3ラブ」とは、スポーツを愛する「ラブ・スポーツ」、花を愛する「ラブ・フラワー」、そして川を愛する「ラブ・リバー」である。

その「3ラブ」のなかの「ラブ・リバー」キャンペーンの一環として、安珍・清姫で有名な日高川の支流に鯉などの稚魚を放流することにした。

安珍・清姫とは、僧侶に恋をした女が愛を拒絶されたのを怨《うら》み、蛇身となって男を追い、日高川を泳ぎ渡り、道成寺《どうじょうじ》の鐘に巻きついて、その中に隠れていた男をいぶり殺してしまう、凄まじい恋の物語の主人公の名前である。

当日、二階は小沢を稚魚の放流場所に案内した。稚魚は、県の稚魚養殖センターで購入していた。放流場所には、すでに数百人の子供たちが詰めかけていた。放流の模様を映そうとテレビ局もやって来た。大変な盛り上がりを見せた。

小沢は二階の出身地である御坊市の善明寺橋の畔に記念植樹をしてくれた。なお、この記念樹は、現在も大きく成長している。

二階は小沢を呼んだが、「清新自民党県議団」の別のメンバーが竹下登《たけしたのぼる》をゲストに呼んだ。竹下は、昭和四十六年七月、就任当時歴代最年少となる四十七歳で第三次佐藤内閣の官房長官として初入閣。昭和四十九年、田中内閣でも再び内閣官房長官となる。昭和五十一年、三木内閣で建設大臣に就任していた。

竹下は、満員の客を前にニコニコしながら言った。

「千円程度の挨拶はして帰らなくてはいけないわなぁ」

パーティーが終わって、竹下は幹部に言った。

「まぁ、お座りください」

二階らは、スリッパを履いていたが、板の間に座った。竹下を囲んで車座になり、竹下の話を聞いた。

このパーティーのあと、二階は東京の料亭の女将から耳にした。

「二階さんのことを心配している東京の人が、竹下さんに、二階さんについて訊くと、竹下さんがおっしゃったそうよ。『このあいだ、和歌山に行って二階君に会って来たよ。順調に伸びている。もう一回か二回で、東京に出て来るよ』って」

二階が近く衆議院議員になる、と言ったというのだ。

二階はうれしかった。竹下は、のちに「竹下派」の領袖《りょうしゅう》となるが、全国をまわり各地域で有力な議員候補に対するスカウトの眼を光らせていたのだ。

## 自然への配慮も人の命との交換であることを見定める

その当時の知事である仮谷志良が、就任早々に、小雪舞い落ちる椿山ダム建設地に視察に来たことがあった。二階は、そのとき、大きな日の丸を振って知事を出迎えた小学生たちの姿は忘れられない。

知事は、そのとき、椿山ダム建設予定地をどのような思いで訪れたか。そして、どう責任を感じるか。

そのことを本会議で質問したのだった。

二階は、十二月の県議会本会議で椿山ダム建設について鋭い質問を放った。

「去る九月、県が発表した公共事業繰り延べ第一号として日高川上流の美山村に計画中の椿山多目的ダム建設の延伸について、わたしはダム関係者及び下流住民の立場に立って、さらに思いを同じくする日高郡選出の笹野、古田、藁科各先輩議員のご意見をも体しながら、椿山ダム建設の今後の見通しと、延伸に踏み切った経緯とその真相についてお尋ねをいたします。

ご承知のとおり、椿山ダムは二十八年のあの七・一八水害の悲劇を繰り返してはならないという大多数の県民の合意の上に立った、防災対策を主目的とする多目的ダムとして県を挙げて取り組んでまいったはずであります。県全体での死者行方不明者が千四十六名となった七・一八の水害の際、日高地方では集中豪雨が連続雨量七〇〇ミリに達し、死者行方不明者二百九十八名、負傷者千四百七十名に及ぶ記録的な大洪水であったことは、あれから二十年以上も経過した今日、なお記憶に新しいところであります。もし仮に、当時と同じような災害が今日、日高・御坊地方を襲ったといたしますと、当時の七・一八水害の被害総額は約四百三十億円でありましたが、流域氾濫《はんらん》地域の資産の増加は昭和二十八年に比べるとはるかに大きく、平均四倍以上となっております。また物価指数は約三倍と推定されるわけであります。したがって、二十八年の災害を現時点で考えてみますと、約五千億円の巨額の災害となるわけであります。このような未曽有《みぞう》の大災害であったために当時日高川の治水計画の再検討をおこない、長いあいだの曲折を経てようやく五十一年度中に補償を解決、五十一年度着工、五十六年度の完工の予定をうかがい、わたしたち地元選出の議員が一丸となって下流の各市町村に対してもダム建設に対する積極的な協力を呼びかけている最中に、県は単に財政の悪化を理由に美山村や龍神村の関係住民や下流の各市町村の意見に充分耳を傾けることもなく、ただ一方的に、しかも特別の努力をすることもなく、簡単に椿山ダム建設の延期を決定してしまったことは、下流住民四万八千人に及ぶ生命財産を守る立場から、また七・一八水害の恐怖を当時は中学生として身をもって体験している一人として、先般のダム対策本部のとられた一連の行為はなんとしても承服できないのであります。

質問の第一点は、今回の延伸決定の主役を演じたダム対策本部とは、いったいいつ発足されて、基本協定調印後最近六ヵ月の間にダム促進についていかなる努力をしてこられたのか、具体的にご説明を願いたいのであります。

また、景気が回復したならばと言われておりますが、この際の景気が回復したと判断される基準はいったい何を指して言われるのか、おうかがいしたいのであります。

さらに、ダム対策本部や緊急財政対策委員会が、景気回復にいかなる見通しをもってあのような発表をされたのか、この点についても明快な答弁を求めるものであります。

さらにまた、ダム事業をこのまま推進を図ると、県の財源措置にいかなる支障が生ずるのか、具体的に納得のいくご説明を総務部長よりお聞かせ願いたいのであります。

財政がきわめて困難な事情にあることは、いまや県民周知のとおりであり、二百二十億円も要するこの大事業が誰も簡単にやれるものと思っているわけではありません。しかし、わたしは、県を挙げてあらゆる工夫をこらし努力を重ねて、九月議会における請願採択のとおり、日高川水系の治水の要《かなめ》である椿山ダム建設を図るべきであると考えるものであります」

椿山ダムは、のち昭和六十三年に竣工した。

椿山ダムは、高さ五六・五メートル、総貯水量四九〇〇万トンの重力式で、どんな洪水時でも、最大流量を毎秒四五〇〇トンに調節して下流の氾濫を防ぐとともに、下流の耕地二二四五ヘクタールに、最大四八七一トンの用水を供給する。またダムの直下には、最大出力一万一四〇〇キロワットの発電所を造る。この事業による潰地は約二・七平方キロ、移転する住宅は百八十八戸。

二十二年をかけて造りあげたことで、浸水を恐れて畳を上に積み重ねるようなことがなくなった。

その一方で、鮎がそれまでの産卵場まで遡上《そじょう》できなくなったので、車で鮎を運んでそこで産卵させることにした。

自然への配慮も問題になるが、人の命との交換である。二階は、そのあたりを地域住民は理解しなければならないという。

そのためには、地方議員、市町村の首長らがリーダーシップをとるということである。彼らのほうが、場合によっては、国会議員の言葉よりも説得力がある。だからこそ、身を挺してほしい。地域の安全を守ることは、スピード感に欠けてはならない、と二階は考えている。

## 清新クラブの洋行に始まる「ラブ・フラワーキャンペーン」

清新クラブの幹事長であった二階は、昭和五十二年九月七日から十九日にかけて、門三佐博ら清新クラブのメンバーとともに、オランダ、イタリア、フランス、西ドイツ、イギリスなどのヨーロッパを視察した。

県会議員の一年生や二年生では、海外視察は難しい。行ってもヨーロッパなど遠くへは行けない。それまでの常識では、四回当選しないと行けない。

二階は、一万円パーティーで集めた資金で、清新クラブの希望するメンバー全員を連れて行くことにした。

視察の目的は、ヨーロッパの原子力発電所の視察や、経済、福祉、教育、農業事情を肌で感じることであった。

実現こそしなかったが、和歌山県でも、日高町や、日置川町（現：白浜町）、那智勝浦町、古座町（現：串本町）などで原子力発電所の建設が計画されていた。

そのとき、最初に行ったのがオランダのアムステルダムの空港から一六キロ走ったところにあるアールスメイヤーという世界最大の花市場であった。

二階は、そのスケールの大きさにびっくりした。この視察前に二階は、住友金属の和歌山工場を見学し、大きいな、と思ったが、この花市場はそれより大きい。二階は感動した。

〈花が一大産業になるとは……〉

バラの花だけでも一日二百万本から三百万本のセリがかけられるという。この花市場は、市場全体がみごとにコンピューター管理され、五つのセリ会場で二千人近い仲介人がセリをおこなっているようすは、まるで整然とした授業を受けているか、共同記者会見場でも想わせるようなものであった。スイッチ一つで決まるコンピューター市場の光景が、じつに印象的であった。

花や植物の年間取り引きは、約十億本と言われている。さすが世界の花市場という感じであった。

西ドイツ（当時）で訪れたライン河の支流ネッカーの河畔にあるハイデルベルグは、ウィルヘルム・マイヤーフェルスターの名作『アルト・ハイデルベルグ』で有名な静かな古城と大学の美しい古都であった。

夕食時、この素晴らしい静かな学園都市の小さなホテルの食堂に集まった一行に、二階はできもしないことを言った。

「もし、われわれに事情が許されるなら、この地に一週間ぐらい滞在して、静かに過ごしてみたい」

みんな、そうしてみたいと願っているようすであり、問いかけていたなら異口同音に賛同の声があがったことだろう。

食事を終えて、二階たちのグループの委員長の門三佐博と、今度新たに県民運動本部長となった馬頭哲弥と三人で静まり返ったハイデルベルグの住宅街を散歩した。

オランダでもそうであったように、ドイツの街でも住宅の前庭や、アパートの窓辺には、かならずと言っていいほど小さな綺麗《きれい》な花が咲いている。

二階はその光景を目にしながら、思った。

〈まるで、何かで取り決められているか、街中で申し合わせでもしているかのようだな〉

この風景が人々の心をどんなにかなごませ、また働きに出る人々や、家路に急ぐ人たちにどれほど、心に安らぎを与えることだろうか。そして、見知らぬ国、初めての地にやって来た二階たちのような外国の旅人たちに、どんなにか安心感と親近感を与えることか。よく手入れの行き届いた整然とした、しかも質素な、日本のどこにでも咲いているようなバラやダリヤ、サルビア、ベゴニアの花、素朴な名も知らぬ草花を植えている姿に、ドイツ人の小さいときからしっかりと身についた道徳観のようなものをしきりに感じていた。

歩きながら誰言うともなく、みんなこのことを感じていたことがわかった。

二階は言った。

「和歌山へ帰ったら、われわれ県議団が呼びかけて、小さな草花を植える運動を始めよう。そこから街を綺麗に、心を美しく、住んでみて、訪ねてみて、心のなごむ街づくりを提唱しようではないか」

門も馬頭も、声を弾ませた。

「おお、それはいい。やろう」

それが教育であり、青少年問題にもつながることであり、県民のコンセンサスを求める出発点ではなかろうか。

さっそくこの運動計画を立案して、広く和歌山県民の共感を呼ぶ運動を始めることを相談した。

二階は、何事も思いつくとすぐ提案した。

「この運動の名称を『ラブ・フラワーキャンペーン』と呼ぼう！」

オランダから西ドイツを経てフランスへ行ってみると、街全体が花に囲まれ、窓辺にも花が並んでいる。

二階は思った。

〈生活のなかに花が溶け込んでいるな。日本人は花を植えると、花を折られるとか、枝を折られるとか言って、塀の内側に植える。ヨーロッパでは、通りがかりの人たちに見えるように外に向けて植えている。これがヨーロッパと日本の違いなんだな〉

ロンドンを視察した際にも、二階は、その美しい街並みに注目していた。

二階は言った。

「花をもって、県民にアピールしよう」

帰国した二階は、決意した。

〈ヨーロッパの街の姿を日本に持って帰ることはできないけど、自分たちがここで感激したことを和歌山に帰って、やろう〉

二階は、帰国するや、まず「清新クラブ」のメンバーに五万円ずつ提供させ五十万円を集めた。次に県に向かって「県も五十万円出してください」と言い、和歌山県議会で「花を愛する県民の集い」を提唱した。

二階は、それ以来ずっと会長として熱心に「ラブ・フラワー」運動に取り組んでいる。

昭和五十四年四月、二階は県議選で再選を果たした。この県議選は、対立候補が出馬せず、無投票であった。

前回の初陣で百十票差で勝利をおさめたとき、佐野嘉吉が言ったように、かえって良い勝ち方だったのだ。相手は士気を喪失し、出馬しなかったのだ。

## 高速道路の紀南延長を提唱し紀伊半島の発展モデルを示す

門三佐博によると、二階は、県会議員のときから、ネットワークづくり、人脈づくりが上手だったという。

門は思った。

〈政治家になるべくして、なった人だ。機智に富んでいるから〉

二階は、和歌山県に出向にきていた官僚たちとも強固なネットワークを築いていった。

のちに小泉純一郎内閣や、福田《ふくだ》康夫《やすお》内閣で、事務の官房副長官になる二橋正弘《ふたはしまさひろ》もその一人だ。二橋は、自治省時代に和歌山県に出向し、総務部長であった。

また、のちに大蔵省の主計局長や日本たばこ産業の会長を務める涌井洋治も、和歌山県の財政課長であった。

こうした豊富な人脈の助けを得て、二階は元県会議員であった亡き父親俊太郎の遺志を継ぐべく、日高川上流の椿山多目的ダム建設に尽力した。

さらに、高速道路の紀南までの延長を提唱した。

この当時、和歌山県には、阪和自動車道と通じる海南市から湯浅町までの海南湯浅道路だけしか高速道路がなかった。紀南の県民は、不便な生活を送っていた。その海南湯浅道路を御坊までつないで、さらに紀伊半島を一周しようというのである。

本州最大の半島である紀伊半島は、京阪神と中京の二大都市圏を両翼に控えながら、既成の国土軸から離れた地理的条件のため、発展から取り残されてきた。こうした憂慮すべき事態を打開し、半島に活力と発展の息吹《いぶき》を呼び起こすためには、高速道路を一日も早く紀伊半島全域に延ばし、二大都市圏との一体化をはかる必要がある。

和歌山県の大動脈である国道二十六号線や四十二号線が、機能障害を起こしている状況や、本四連絡橋が建設されたことを考えるとき、和歌山県、ことに紀中・紀南の産業経済の発展のための起爆剤ともいうべき高速道路の紀南延長は、いかに強調しても、しすぎることはない。

この頃の近畿自動車道紀勢線（阪和自動車道）は、大阪府松原市—海南市間七一・三キロとなっているが、そのうち昭和四十九年十月に開通した大阪府阪南町—海南市間二七・三キロの一日平均交通量は約一万台と、予想をはるかに下回っていた。松原—阪南間が開通されていないため、大阪と和歌山を結ぶという阪和自動車道本来の機能が生かされないゆえの当然の帰結であった。

このため県としても、阪南—松原間四五・二キロの早期完成を促進するため、日本道路公団（当時）や大阪府に積極的に働きかけ、公団でも昭和六十三年度の全通を目標に最重点路線に取り上げ、計画を進めていた。

一方、紀南延長の足がかりである一般有料道路・海南湯浅線は、海南市藤白を起点として、吉備町水尻で四十二号線に接続する延長約一〇キロ、そのほとんどがトンネルや橋、高架という難工事だが、昭和五十八年度の完成を目処《めど》に着々と工事が進められていった。

さらに、この道路を紀南へ延ばすため、建設省（当時）によって吉備―御坊間で高規格道路建設の調査が進められていて、昭和五十六年度からは公団・県との三者が協調して取り組んだ。

モータリゼーションの進展は、高速自動車道を必要不可欠のものとしていった。しかし、当時の県内の高速道はわずかに二四キロと、同様にして高速道路が最も少ない山陰地方の一県あたり平均延長六九キロをも、大きく下回っていた。さらにそれ以外は、予定路線のなかにもまったく組み入れられていない状態だったのである。

県議会が、あげてこの問題に取り組むに至ったのも、こうした背景によるものであった。そして、二階の提唱は県議会をはじめ、県・関係市町村ともども、建設省、公団などに対して、紀南延長の早期実現について繰り返し、強く要請活動を展開するものとなっていった。

行財政改革で高速道整備には厳しい見方があるものの、この頃の政府には、「紀伊半島については昭和五十八年～六十二年度の第九次道路整備五ヵ年計画のなかで検討していきたい」との考えもあり、早期実現のきざしも存在していた。

前述したように二階は、ヨーロッパを視察したとき、三日目の九月十日、ドイツのフランクフルトの南方約八五キロにあるハイデルベルグを訪ねているが、高速道路への感慨も大きなものがあった。時速八〇キロであろうが、一五〇キロであろうが、二〇〇キロで走ってもＯＫという高速道路が六〇〇〇キロも延びている。

しかもこれがみんな無料なのだ。七六〇〇キロの計画をこれから少し縮小しようかどうかと、計算機片手に政府のお役人が首をかしげてしまっている国と、全国無料の高速道路網がすでに完備している国とでは、同じ経済大国であっても、ちょっと、格が違うという感じであった。

二階は、かつて、東名高速道路建設の着眼の根拠となったアウトバーンを走りつつ、高速道路の紀南延長をテーマに、同日の九月十日、和歌山において集会をやってくれている御坊青年会議所のメンバーに想いを馳《は》せて、紀南延長にかける情熱を新たにしたものだった。

二階は高速道路紀南延長促進議員連盟を結成し、みずから初代の事務局長に就任した。与野党問わず、全県会議員が会員になってくれた。高速道路を開通させるためには、十数年の歳月が必要とされる。二階は紀南延長に精力的に取り組んだ。県民に訴え、粘り強く県議会に、建設省に、国会に働きかけた。

門によると、高速道路紀南延長促進議員連盟の会費は月千円。

選挙区は紀北地方であったが、門も議員連盟に入り、活動したという。

元建設大臣の遠藤三郎の秘書であった二階は、建設省に人脈があった。そのため、東京で紀伊半島一周の高速道路推進について、建設省の課長などを集めて、要請をしたことが何度かあり、門も参加したことがあった。

そのときの建設省における若手技官として二階たちのよき相談相手となってくれたのが、のちに日本道路公団総裁を務める鈴木道雄、のちに首都高速道路公団理事長を務める三谷浩、のちに関西国際空港株式会社常務の本山蓊《もとやましげる》、のちに日本道路公団総裁を務める藤井治芳、のちに国土交通省事務次官になる谷口博昭らであった。

紀南の高速道路は、二階の尽力もあり、その後、着々と建設が実現されている。

だが、門によると、二階が県議として高速道路の紀南延長を訴え始めたころは、みな否定的な見方をしていたという。地元の国会議員たちは、それほど熱心ではなかった。

平成八年（一九九六年）三月三十日、その苦労がようやく報われた。二階の地元日高郡や御坊市に湯浅御坊道路が開通した。

さらに、海南湯浅道路・湯浅御坊線は、一般国道の自動車専用道路として整備された区間であったが、四車線化の整備計画が近畿自動車道松原那智勝浦線として施工されたため、平成十七年四月一日に阪和自動車道として高速自動車国道に編入された。

現在、一部の未開通区間こそあるが、大阪方面から和歌山各地を経て伊勢・津・名古屋方面へと結ばれ、紀伊半島は京阪神と中京の二大都市圏との一体化がなされつつある。

## 日高港湾の建設提唱は活力と魅力あふれる地域づくりが土台

二階は日高港湾の建設も提唱した。御坊市や日高郡は、紀伊水道に面している。それにもかかわらず、港らしい港がなかった。

二階は考えた。

〈過疎化を防ぎ、地域を発展させるためにも、日高港湾を建設しよう〉

しかし、漁業補償がまとまらないため、なかなか着工できなかった。二階は何度も運輸省の港湾局長に働きかけた。そのおかげで、歴代の港湾局長と顔見知りになった。

中紀地方の経済基盤づくり、活力注入の根幹になるとして、日高地域の人々が大きな期待を抱いている日高港の港湾整備事業が、昭和五十六年度から始まった調査事業で、いよいよスタートを切った。

大阪湾内各地の機能の一部を分担させるとして、国の港湾整備五ヵ年計画に組み入れられたものだが、県の長期総合福祉構想でも、地場産業の育成、御坊田園テクノタウン構想、煙樹海岸観光レクリエーションゾーン計画などと機能的に連動させた、地域開発の拠点として位置づけている。

県がまとめた計画では、一〇〇〇メートルと六五〇メートルの防波堤に囲まれた港は、約一〇〇ヘクタール。ここに、五万トンの大型船が出入りできる、長さ二〇〇メートルもの岸壁が造られているが、南側は木材産業や農水産加工のための工場用地を控えた小型船舶用、そして北側は大型船舶のための岸壁となる。

取り扱い貨物量は、外国貿易を含めて年間四七〇万トン。そのうち二五〇万トンは、関西電力御坊火力発電所で使われる重油となっているが、木材や建設用骨材もふくめた、いわゆる公共取り扱い貨物も、二二〇万トンに達するものと見込まれていた。これは、和歌山下津港の六四〇〇万トンには及ばないが、一二〇万トンの新宮港の四倍を見越した数量であり、一躍、県内第二位の大型港湾となる。

すなわち、新しい日高港は、木材を中心とした地場産業の体質改善と、雇用機会の増大を狙った企業誘致のための用地確保／建設資材など、大量の貨物の配分基地づくり／漁業の経営安定——といった、いくつかの、しかもきわめて重要な役割を担う港である。

特にその性格としては、背後地に工業用地を控えた流通加工型の港湾であり、その意味でも、文字どおり地域と一体となった港ということになる。

もちろん周辺の環境には、最大の配慮がなされる。延べ六ヘクタールにも達する緑地などで、住居地域との分離をはかるのもそのためだ。縦横に走る道路は、国道四十二号線と完全に連結するほか、将来は、近畿自動車道とも接続するなど、合理的な輸送体系の青写真も描かれている。

ふつう、地域の発展を図る場合、生産や生活の空間を拡げ、産業立地条件の整備を先行的に進めることが不可欠だが、その意味でも将来の日高港は、地域の都市活動、経済活動を活性化するためには欠かせない役割を果たす。

一方で、港湾の建設には、社会、経済、文化に対する長期的な展望と、地域社会の活力が必要なことはいうまでもない。要するに、活力と魅力あふれる地域づくりが、港湾という〝生き物〟づくりにとって、もっとも重要な課題となるわけである。

昭和五十八年十月、紀中地域の振興の拠点として重要港湾に指定された。その年十二月に港湾計画が策定された。

平成十一年十一月五日、立場がかわり、二階は運輸大臣として和歌山県西口知事に対し公有水面埋め立てを認可し、平成十六年四月二十四日に供用が開始された。

今後、紀中地域の産業振興、物資流通の拠点として港湾開発を進めていく……。

二階が県会議員としてこのように続々と選挙民のためのテーマを実行に移していけたのも、ひとえに二期連続当選していたからである。

連続当選していなかったら、政治にはならない。仲間を説得する場合も、連続当選していなければ、相手も耳を貸さない。そのためにも、選挙に強くなければいけないと二階は胆に銘じていた。

## 自民党総務会長と経済産業大臣の実際

二階俊博は、平成二十六年九月の第二次安倍晋三《あべしんぞう》内閣発足時に自民党総務会長に就任。同職は、「党三役」の一角を占める要職である。

二階は平成十九年八月の第一次安倍内閣、同年九月から平成二十年の福田康夫内閣のときにもこの責を担っており、党での比重は非常に大きい。

また、平成十七年五月、小泉純一郎《こいずみじゅんいちろう》首相の意向により、自民党総務局長を兼任しながら郵政民営化法案を審議する特別委員会の委員長に就任。いわゆる「郵政国会」では郵政民営化法案の衆院通過に尽力したうえ、その後の郵政解散による第四十四回衆院総選挙では選挙責任者の総務局長として候補者擁立などに奔走し、自民党圧勝の功労者となった。

そして、同年十月に成立した第三次小泉改造内閣では、経済産業大臣として入閣。以降、前述の自民党総務会長を経て、福田改造内閣でも、平成二十年九月発足の麻生太郎内閣でも経済産業大臣に再任されている。

二階俊博の政治活動の特色は、田中角栄もかくやというスピード、官僚の掌握と有効活用、現実性、そして先進性である。ここで、現実性と先進性の列記に矛盾を感じる向きもあるかもしれないが、決してそうではない。実現不可能な理想を掲げるのではなく、将来の結実に向かって一歩ないし二歩先を行こうとするのが二階流だ。

それらの事例をみていくうえで特筆すべきは、経済産業大臣での治績である。

## 「ミスター・スピードアップ」と呼ばれる存在

経済産業省の政策局長であった北畑隆生は、日本経済はバブル崩壊後、少し自信をなくしており、周辺の条件はよくないが、いま一度自信を取り戻し、活路を見出さなくてはいけないと考えていた。ちょうどそこに、同省の大臣に二階が就任し、発破をかけてくる。

「元気な絵を描かなければだめだ。『日はまた昇る』だ」

北畑は、二階大臣と波長が合って助かった。

〈この大臣の考えは、われわれの考えとピッタリだ〉

そうした二階と経産省職員の思いを束ねることで誕生するのが、「新経済成長戦略」である。

暮れも押し迫った平成十七年十二月下旬、経産省事務次官の杉山秀二は、二階大臣に進言した。

「エネルギー政策の最重要課題である原子力発電の安全問題について、一度、美浜原発に視察に行かれたらどうでしょうか」

前年の八月、福井県美浜町の関西電力美浜原発三号機が蒸気噴出事故を起こし、十一人が死傷した。以来、美浜原発三号機は、運転停止中であった。

二階はうなずいた。

「そうだな」

杉山は言った。

「それでは、年明けに日程を組みます」

二階は間髪を入れずに答えた。

「いや、今年中に行こう」

これには、さすがに杉山もあわてた。

「そうおっしゃっても、御用納め（二十八日）まで、あと二、三日しかありませんよ。いろいろと日程も詰まってますし……」

二階は、平然と言い放った。

「それじゃ、御用納めの日に行こう」

杉山は、苦笑した。

〈なんとも、せっかちな大臣だ〉

事務方は、すぐさま関係者に連絡を入れ、段取りを整えた。

十二月二十八日、二階は、東京駅を朝六時半の新幹線で発ち、福井県入りした。福井県庁で西川一誠知事と面談したそのあと、記者会見で語った。

「正月早々から、いつ運転再開のゴーサインが出せるか、関係者と真剣に協議したい」

その後、大雪が降るなか美浜原発三号機を視察。事故現場の献花台に花を供えて犠牲者の冥福を祈り、交換した配管を確認した。

二階大臣の訪問に、地元の住民は感激していた。

「事故が起こったばかりならともかく、何もないのに、わざわざ大臣が来られたのは、初めてのことです」

いっぽう、二階は、美浜原発内で、美浜町の山口治太郎町長とも面談し、地域振興などで要望を受けた。

「周辺住民の避難道路の建設が、なかなか進みません。もっと急いでいただけませんか」

避難道路建設は、美浜原発内死傷事故を受け、地元が強く要望していた。

二階は答えた。

「積極的に、協力します」

その後、再び記者会見にのぞんだ二階は、運転再開について語った。

「再発防止策の実施状況などを現在調査しており、充分点検しながら原子力安全・保安院が『これなら大丈夫』と判断しなければならない。地元の町議会、町民、県のみなさんの理解を得られるかどうかも重要。遠くない将来に結論を出さなければならない」

視察を終えた二階は、空港に向かう車中でみずから国土交通省の谷口道路局長に電話をかけた。

「保安院長を行かせるから、相談してくれ」

電話を終えた二階は、今度は原子力安全・保安院の広瀬研吉院長に電話を入れた。といっても、広瀬院長は、今回の視察に同行しており、大臣車のすぐ後ろを走る車の中にいた。

「今、国土交通省の道路局長と話をしたから、今晩、会って話をつけてきてほしい」

普通の政治家なら、年が明けてから「陳情を受けたので検討してみてくれないか」と指示を出すだろう。しかし、二階は、陳情を受けてから一時間後には担当者に指示を出し、その日の夜に打ち合わせをしてくれという。

結局、彼らは、御用納めの二十八日の夜と御用始めの一月四日に話し合い、その後、建設を促進することで話をまとめた。

平成十八年一月十四日、二階は、記者団に明らかにした。

「美浜原発周辺の避難道路の建設費の予算として、十七億円の使用を可能とする。昨年暮れに現地に行った。そのときに積極的に協力すると言った以上、具体的な形にしなければいけないと思った」

ことほどさように、二階は、迅速に行動する。しかし、それは、なにも内政だけにとどまらない。外交でも同じだ。外国のカウンターパートと会談し、合意したことは、すぐさま実行に移す。

外国のカウンターパートたちは、二階のことを親しみを込めてこう呼んでいる。

「ミスター・スピードアップ」

ここからもまさに、二階の〝スピード〟が読み取れる。

## 省庁横断でのパワーアップ

他方、役人からみれば、二階大臣は厳しい人物《ひと》である。スピード感を要求されるし、実行が肝心だ。それに、発想が豊かだ。

「こういうことは、考えられないか」

「これは、できないか」

そういったことを常に求めてくる。

役人とすれば、仕えがいがある。経済産業省の役人は、大臣のためなら、たとえ火の中、水の中で、寝食を忘れていっしょに仕事をしようという気持ちでいたのではないだろうか。

省内のムードも、明るい。嫌々ながら仕事をしているという感じはしない。

二階は、役人を注意することもある。が、声を張り上げて罵倒《ばとう》するようなことはしない。その注意も、説得力があり、ズシンと響く。

それに、二階は、事務方を信頼し、いっしょに仕事をしていこうという気持ちを持っている。これに対して、事務方も二階を慕う気持ちが強い。

また、二階には求心力がある。麾下《きか》の西野あきら、松あきら両副大臣、片山さつき、小林温両大臣政務官も、二階を信頼し、一致団結してやっていこうという気概を示していた。したがって、役人にとっても仕事がしやすい環境となっていく。

二階は、防衛庁（当時）、国土交通省、農林水産省、財務省、外務省など他の省庁の現役やＯＢからも慕われている。

二階大臣は、省幹部に言っている。

「一つの省庁でできる仕事なんて、そう多くない。技術開発をやろうとすれば、文科省や財務省も関連してくる。人材の育成のようなことをやろうとすれば、内閣府や厚労省なども関連してくる。一つの省庁で始末がつく仕事なんか多くない。だから、各省庁と連携してやってほしい。

われわれは税金を使って仕事をしているのだから。ただし、そのときには、自分たちが攻め込んでいくんだとか、向こうの仕事を分捕ってしまえとか、そういう気持ちは持ってはいけない。向こうの仕事は、向こうでやってもらったらいいんだ。こちらに知恵があれば、向こうに知恵を貸すなど協力することが大事なのだ」

## 是々非々で対応した政府系金融機関の改革

一面で、二階の経済産業大臣への就任は、郵政国会・郵政選挙の論功行賞との見方があるが、決してそうではない硬骨も二階はみせる。

二階を任命した小泉首相はこのとき、日本政策投資銀行、国際協力銀行、中小企業金融公庫、商工組合中央金庫（商工中金）、国民生活金融公庫、公営企業金融公庫、農林漁業金融公庫、沖縄振興開発金融公庫の八つの政府系金融機関の統廃合・民営化をふくめた改革に意欲をみせていた。

経済産業省として、政府系金融改革にどう対応するか。大臣室で御前会議が開かれた。事務方は、複雑な思いでいた。

〈喉元《のどもと》過ぎれば熱さ忘れるみたいなことだけでいいんだろうか〉

事務方はこもごも率直な意見を言った。

「あの貸し渋りのひどい状態のときに、どれだけ商工中金が活躍したでしょう。『商工中金があって本当に良かった。ありがたい』と言った中小企業の人は、世の中に大勢いますよ。政治家もしかり、報道だってそう取り上げていたではないですか。それなのに、金融が緩んだからといって商工中金の役割を否定する。『政府の支援は時代遅れだ。民間銀行だけで充分ではないか』なんていう。あのとき、商工中金がセーフティーネットとして果たした役割の重要さは誰も否定できない。『政府系金融機関よ、頑張れ』とみなさんおっしゃったではないですか」

二階大臣は、じっと耳を傾けている。

意見が続く。

「景気の順調な今は、いいですよ。でも、金融とか経済は生き物ですから、また悪くなるときもあるでしょう。そのとき、普通の民間銀行しかなくて大丈夫でしょうか。改革は必要ですし、余計なことをするつもりはありません。

民間にできることなのに、官が『どけ、どけ』と追い払うつもりもありません。しかし、セーフティーネットとしての機能を果たすところをきちんと維持しておくことも必要ではないでしょうか。重要な中小企業の拠り所たる機関として残しておいたほうがいいのではないでしょうか」

事務方の言い分を聞いた二階は、ようやく口を開いた。

「みんな、こういうときに閉じ籠もっていてどうする。そこに手榴弾《しゅりゅうだん》を投げ込まれて爆発したら、全員即死だ。したがって、そういうときには穴蔵に閉じ籠もらずに、打って出るんだよ。

こういうのは、先手必勝だ。自分たちはこういう改革をしようと決断したと、積極的に打って出ていくんだ。世の中が動き出す前に決断し、ある意味で全体の流れをつくるんだ。経済産業省は決断した。さぁ、みなさんどうする、という大きな流れができるだろう。行革論議だとか、そういった改革論議のなかで、全体の流れをリードするんだ。これが、世の中の評価を生むことになる」

二階は、決断を下す前に、存続を願う五千人以上の署名を携えてやって来た商工中金の江崎格理事長とも話し合った。

ＷＴＯに出張中、本国の役人から「どうすればいいか」という問い合わせもあった。

二階は、役人に自分の方針を伝えた。

「連立与党、なかでも自民党は、郵政民営化を掲げて総選挙を戦い、地滑り的な勝利をおさめた。その勢いにのって、改革を止めるな、とみずからを鼓舞し、また周囲を引っ張って改革の先頭に立つ小泉首相の気迫を思えば、穴の中に入っておって『現状維持』『改革反対』『民営化反対』とつぶやいているだけでは、ことは解決しない。

やはりここは堂々と中小企業の旗を掲げて、中小企業のみなさんが困ることのないように将来にも安定した中小企業金融に役立たせることができるようなことを目指しつつ、ここは打って出るときだ」

打って出るとは、思い切って民営化を決断せよ、という意味であった。そして、省内でいろいろと検討した結果、政府出資を残しての民営化でいこうということになった。平成十七年十一月十四日の経済財政諮問会議で明言することになった。

事務方は、商工中金の民営化案をまとめた。

十一月十四日の当日、二階は、日本唯一の政府系中小企業専門総合金融機関である商工組合中央金庫（商工中金）の民営化を提案。が、この提案に対して経済財政諮問会議の民間議員から、民営化の場合、政府出資をなくした完全民営化が望ましいという声も出てきた。

二階は、商工中金であれ、いずれの金融機関であれ、民営化するときにはすっきりした形の民営化という主張は、一つの考え方であると思っている。

しかし、中小企業を所管する立場として中小企業の経営者が民営化によって状況が急変するようなことは避けなければならない。民営化する場合でも、中小企業振興の旗を降ろしてはならない。政府出資を残した形での民営化ということも念頭に入れ、できるだけ中小企業の経営者が安心し、「これならば、われわれも民営化に大いに協力していける」という体制が必要だと考えている。

政府出資を残すことについては、「天下りポストの確保だ」という批判もある。だが、政府出資を残すということと天下りとの関連性は、まったくない。

二階は思う。

〈どのような人を持ってくることが、その目的を果たしていくために重要であるかという観点で考えなくてはならない。適当な例かどうかはわからないが、今や日本のスポーツ界などでは、外国から監督を雇ってくる例がいくらもある。広く、いろいろな意味で必要なリーダーを求めていきたい〉

## 中国を東シナ海ガス田開発問題の協議のテーブルに呼び戻す

実は、二階の中国や韓国への対応も、土台は同じである。ここでは中国のみについてだが、次の例があげられよう。

平成十八年二月十七日夕方、二階俊博経済産業大臣は記者会見し、二月二十一日から二日間の日程で中国・北京を訪問し、薄熙来《はくきらい》商務部長（商務大臣）ら中国要人と会談する方針を明らかにした。

二階と薄は、かねてより昵懇《じっこん》の間柄であった。二人は、平成十七年十一月にロンドンおよびスイスで開かれたＷＴＯの閣僚会合と韓国の釜山で開かれたＡＰＥＣ閣僚会議の際、会談をおこなった。そのとき、二階は、日中の懸案となっている東シナ海のガス田開発問題について薄に提案した。これがガス田に関しての日中間の最初の閣僚会談となった。

二階は、この問題を日中間の感情的な争いにするのではなく、お互いに東シナ海を友好の海として、日本のために、中国のために、両国の国民のために、共同の利益になるようなことを考えるべきではないかと強調した。

薄も賛同した。

二階は、さらに今後、中国が大きく発展するための課題は、環境問題と省エネルギー問題の二つである、と指摘したうえで次のように提案をした。

「日本は、この問題で長年、苦労してきた。その経験のなかから編み出した環境対策は、今、世界のトップレベルのところまで到達している。また、第一次オイルショックの際には、この先どうなるのかと不安になるほどの深刻な打撃を受け、その教訓を活かして国を挙げて省エネに取り組んだ。その知見は中国の発展にとっても有意義なものと思う。したがって、日中での共同フォーラムを開こうではないか。一回目は日本でやり、二回目は中国でやろう。そして、官も学者も民間も加わってもらって、幅広い日中交流の場にしよう」

これにも、薄は、積極的に賛成の意を表わした。

そこで、二階は、さっそくフォーラム開催の打ち合わせをさせるため、経済産業省の幹部を北京に派遣した。そして、二階みずからも薄熙来の訪中招請を受けて中国を訪問することになった。つまり、このフォーラム開催は、中国要人をガス田開発問題の協議のテーブルに呼び戻すための二階の配慮でもあった。

〈日本と中国が、互いに非難し合ってラリーの応酬をするという状態が長く続いていいわけがない〉

二階の根幹はそこにあるが、いわゆる「媚中」などといった揶揄が、いかに的外れかがわかる。そして、そうした二階の努力のうえで、次章に語る大規模訪中団の結実があったのだ。

# 第6章　「日中新時代」への熱情

## 日中友好の「井戸を掘った人」田中角栄の想いを継ぐ二階俊博

自民党の二階俊博《にかいとしひろ》総務会長は、平成二十七年（二〇一五年）五月二十三日、三千百十六人もの日中の観光・文化交流の推進を目的とした民間大使と北京の人民大会堂で中国の習近平《しゅうきんぺい》国家主席と面会し、注目を集めた。

二階は、これまでも中国とは深い関わりを持ち続けてきた。

日中関係では、「井戸を掘った人」ということがよく言われる。田中角栄《たなかかくえい》元首相などをはじめ、政界や経済界、文化人など多くの先人たちが両国の友好のために力を尽くしてきた。

再々述べてきたように二階は、若いころ、親中派の有力議員の一人であった藤山愛一郎《ふじやまあいいちろう》の系列に属する政治家遠藤三郎《えんどうさぶろう》の秘書を経験していた。

二階は、その縁で、藤山愛一郎や静岡県知事や建設大臣などを務めた竹山祐太郎《たけやまゆうたろう》や江﨑真澄《えさきますみ》など日中問題に熱心な議員たちの活躍のようすを知っていた。

当時、藤山愛一郎が訪中すると一週間くらい北京飯店に滞在していた。中華人民共和国政府や中国共産党の本部や要人の官邸などがある北京市の中心部西城区、いわゆる中南海からいつ呼び出しがあるか、いつ要人との会見が始まるのか明確でないこともあり、日本側の思うとおりにいかないことも多かった。

藤山も、長崎経由で訪中するなど日中両国の間の距離が心理的にも実際にも今ほど近くはなかった。

二階は、今から四十年以上前に、若い仲間たちとともに、当時衆議院議員で松村謙三《まつむらけんぞう》の側近として日中関係の正常化に向けて動いていた竹山祐太郎を囲んで、中国との交渉の状況などについて詳しく聞いたことがあった。

今でも印象に残っているのは、そのとき、竹山が言っていたことだったという。

「日本と中国は波長が違うんだということを認識して、そこから物事を判断しないと、日本と同じような調子で短兵急にものを考えても、交渉はうまくいかない」

松村謙三や古井喜美《ふるいよしみ》などが日中国交回復に向けて、熱心に取り組んでいたが、田中角栄が総理に就任すると、田中の決断で日中国交回復は速いテンポで進んでいった。

昭和四十七年(一九七二年)九月二十九日、日中国交正常化は、当時の両国の指導者であった田中角栄総理と周恩来《しゅうおんらい》首相の努力と英断によって、幾多の困難を乗り越えて、実現された。

その後、日本と中国の多くの指導者たちの協力の積み重ねによって、日中の友好は着々と大きな成果をさまざまな分野で生んだ。

こうしたなかで、衆議院議員であり、社団法人全国旅行業協会会長でもあった二階は、強く願っていた。

〈日中国交正常化記念事業を成功させて、二十一世紀を日中両国の良好な発展の世紀として、歴史に刻まなければいけない……〉

一衣帯水の隣国同士の日本と中国の関係は、二千年を超える交流の歴史を持ち、今や経済的にも大きく相互に依存している。

また、政治・外交的にも、隣国として成熟した関係を迎えている。

このなかで、日本の観光業界も、昭和四十七年の日中国交正常化以来、両国間の観光交流支援発展のためにそれぞれ役割を果たし、その間の人的交流は大きく発展してきた。

二階は、これまで日中両国の友好と繁栄を願う国会議員の一人として、日中友好に尽くした多くの先人たちの指導、協力を受けて、多くの友好事業に携わってきた。

二階の議員外交の歴史は、いわば、近年の日中両国の友好の歴史と言っても過言ではない。

## 「日中文化観光交流使節団二〇〇〇」による大規模訪中

平成十二年一月、当時小渕恵三《おぶちけいぞう》内閣で運輸大臣を務めていた二階は、初雪の降りしきる北京を訪れ、多くの要人と話し合う機会を得た。

そのとき、日中双方から話が出た。

「今年は、(西暦)二〇〇〇年という日中交流の歴史の大きな区切りの年です。日中関係は、過去に先人たちが築いた二千年にわたる堂々とした交流の歴史がある。この両国の友好関係は、さらに今後新たな二千年へと継続発展していかなければならない。ちょうど、折り返し点のような記念すべき年に、日中間にこれを記念する行事が何も計画されていない。何か心に残るような記念の行事を計画していただきたい」

中国では、縁起が良いとされる初雪が舞う天安門の広場を眺《なが》めながら、中日友好協会の幹部たちと二階たち一行は、当時の谷野作太郎駐中国大使も交えて、熱い意見交換をおこなった。

二階は、日中両国を代表する彼らの熱意に動かされて、その場で提案した。

「二〇〇〇年の年だから、二千人の日本からの友人たちといっしょに、中国を再び訪れたい。そして、人民大会堂で、今日まで日中友好に貢献された両国の偉大な先人の遺徳を偲《しの》ぶとともに、これからの日中友好関係をさらに発展させるための催しにしたい」

出席者一同は、二階の提案にすぐに同意してくれた。

二階は、帰国するやいなや、すぐに「日中文化交流使節団二〇〇〇」の結成に取りかかった。趣旨に賛同してくれた関係者の協力もあって、たちまちにして二千名の同志が集《つど》った。

日本画家で日本美術院理事長や東京芸術大学の学長などを歴任した平山郁夫《ひらやまいくお》画伯に団長を依頼し、五千二百人もの規模になった日中文化観光交流使節団二〇〇〇による訪中を実現させることになった。

平山郁夫日中友好協会会長を団長に、二階運輸大臣を特別顧問として、当初予定していた二千人をはるかに超えて、北海道から沖縄まで、また離島の小笠原をふくむ全国各地から五千二百人もの参加者を得た訪中使節団となった。

二階は、平成二十七年の訪中において、習主席と面会する前日の五月二十二日、北京の清華大学の清華海外名師講堂で学生たちを前に、平成十二年の訪中団のときのいきさつをユーモアを交えて振り返った。

「日本の各地から、日中観光交流・文化交流の必要性を思う同志のみなさまの各方面からの参加を得て、わたしは訪中団の募集を始めた。みるみるうちに二千名は実現し、しばらくすると三千名を超え、ついには四千名を超えました。二千名の計画が四千名になったのですから、中国のみなさんも喜んでくれるだろうとわたしは思っておりました。ところが、当時外交部長（外務大臣）であられた唐家璇《とうかせん》さんが来日された。わたしは多くのみなさまを中国にお連れする以上、せめて外務大臣には出てきてもらってご挨拶くらいしてもらいたいと思っており、お会いしました。

唐外務大臣は、『中国という国は、四という数字よりも五が好きなんだ』とおっしゃるんですね。この意味は、四千人では足りない、五千人連れてきなさいと言われているのと同じです。みなさんも経験があるでしょうが、運動会でトラックを一生懸命回っていて、ようやく回り終えたと思ったら、『もう一回り』と言われたようなものです。そのとき、仲間の人に相談したら、『計画が駄目になる。四千で精一杯だ』ということでした。しかし、わたしは『五千名オッケーです』とお答えしました。そして、みんなとまた一生懸命頑張って、ついに五千名を突破して五千二百名となった。

そしたら、なんとおっしゃいましたか、『中国にも消防法があるんです。とてもそんな人数を人民大会堂へ受け入れられません』と言われたのです。『冗談じゃありませんよ、あなた方がもっと連れてこい、もっと連れてこいと言ったんじゃないか』と反論して、ついに五千二百人でこのことを実行することができました。中国の当時の幹部のみなさまもおっしゃるんです、『われわれの国の催しでも人民大会堂で五千名の人を受け入れたことはない』と。それではわたしたちは中国側のみなさんより多くの人を集めてきたんで、これは誠に失礼なことかなと思ったのですが、それでも中国側は温かく迎え入れてくれて、このセレモニーは成功のうちに進みました」

なお、小渕総理が五月十四日に急逝したため、訪中が実現した五月二十日には、第一次森喜朗《もりよしろう》内閣が成立しており、二階は、引き続き運輸大臣に就任していた。

## 江沢民中国国家主席との会談の核「重要講話」

二階は、「日中文化観光交流使節団二〇〇〇」の特別顧問として、平成十二年五月十九日から二十一日にかけて、中国の北京を訪問した。

二階は、当時の中国の最高指導者であった江沢民《こうたくみん》国家主席との会談をおこなった。

五月二十日午後三時過ぎには、江主席、胡《こ》錦濤《きんとう》副主席、銭基《せんき》琛《しん》副総理、唐家璇外交部長らと約一時間にわたって会談した。

ちょうどこの日は、台湾の陳水扁《ちんすいへん》総統の就任式典の日であった。陳水扁総統のスピーチの原稿が翻訳され、江主席と二階の会談の一時間前に届けられるというあわただしさであった。

江沢民主席は言った。

「日本との友好は、主流である。次の時代の青少年の交流に、お互いに努力しよう」

それは、二階ら日本から参加の訪中使節団の平山郁夫団長などを通じ日本の国民に呼びかけると同時に、その「重要講話」は、十三億人の中国国民にも語りかける江沢民主席の重要講話であった。

「日中文化観光交流使節団二〇〇〇」と「重要講話」は、中国中央電視台（CCTV）によってテレビニュースで九分間、繰り返し報道された。

翌朝の『人民日報』は、このことをトップニュースで伝えた。

後日、二階は思った。

〈この重要講話は、後世に伝える価値のあるものだ。われわれは少なくとも、それを伝える義務もある〉

二階は、そのことを江沢民主席に伝え、碑を刻む了解を得た。その際、江沢民主席に直筆の書を依頼し、快く引き受けてもらった。

二階は、時機を見計らって、碑を建てる計画である。

## 四千人が来日し一万三千人が訪中しての「日中友好の森」

平成十四年の五月には、胡啓立《こけいりつ》中国人民政治協商会議副主席を団長に、何光暐《かこうい》国家旅游局長をはじめ中国から四千人を超える友人たちを東京に迎えた。

このときは、小泉純一郎《こいずみじゅんいちろう》総理をはじめ、多くの国会議員が参列したうえで、「日中友好文化観光交流式典」が盛大に挙行された。

さらに、この年九月、「国交正常化三十周年記念日中友好文化観光交流事業」として、なんと、一万三千人の日本国民と八十三名の国会議員による訪中団が北京を訪問した。

一行は、人民大会堂での当時の江沢民国家主席、胡錦濤国家副主席をはじめとする国家指導者が出席した大々的な交流式典に参加した。

九月二十一日、二十二日の二日間、一万三千九十人の大交流が北京で大々的に挙行されたのである。前夜祭は、人民大会堂で歓迎パーティーが開かれた。

NHKの海老沢勝二会長の好意で歌手の天童よしみと氷川きよしも駆けつけて、パーティーの盛り上げに一役買ってくれた。人民大会堂の大交流大会は、中国側の参加者をふくめると延べ一万五千人の規模となった。

二階は、このときのいきさつについても、前述の清華大学の講演で語った。

「国交正常化三十周年記念事業としてこの人民大会堂へみんなで一緒に行きたいという声が起きてきまして、関係者のみなさんに声をお掛けしたところ、今度は先の五千名の下敷きがありましたから、その上に一万三千名の人が集まりました。当時の国家旅游局長とわたしの間では、いつもいろいろな会議で会うたびに、そのとき食事はどうするのか、これ以上は入りませんよ、では二交代にしましょう、一日二交代でやろう、と考えたことを覚えております」

翌日、万里の長城の八達嶺において、一万三千本の記念植樹をおこなった。プレートに刻まれた一万三千人の参加者の名前とともに、今も記念樹は、大きく元気に育ち続けている。いわば、「日中友好の森」である。

二階は思っている。

〈この記念植樹に参加してくれた人たちのお子さんやお孫さんが将来、この地を訪れたときに、自分の親や祖父母がこの地に木を植えたのだということを思い起こしていただくことも、日中友好のためには大事なのではないだろうか〉

そのときの訪中から早いもので、平成二十七年の訪中団まで十三年以上が経過した。

二階は、ときどき、中国の友人から言われる。

「八達嶺の木は、だいぶ大きくなりましたよ」

二階は、その話を聞くたびに思う。

〈また機会があれば、ぜひ八達嶺を訪れてみたい〉

これらのイベントを実現させるため尽力した二階は、イベントの大成功に胸を撫《な》でおろした。

〈三十周年の意義を確認するとともに、日中相互にこれからの日中関係がより発展的に前進を誓い合う場となった〉

## 冷えこんだ日韓関係の打開に向け独自外交を展開

二階俊博は自民党総務会長として、平成二十七年二月十三日、安倍政権との関係が悪化したままの韓国の朴槿恵《パククネ》大統領と会談して独自外交を展開。

日韓関係は冷えこんだままだが、大統領との会談は全国旅行業協会の会長も務める二階独自のルートで実現。観光関係者ら約一千四百人を伴い、交流イベントを重ねて関係改善のきっかけにする狙いがある。

二階は、「お互いに胸襟《きょうきん》を開いて話し合いの機会を持つことが大事だ。後ろからののしり合って友好関係などできるわけがない」と述べ、冷えきった両国関係を改善するために民間交流の拡大が必要だという考えを示している。

韓国大統領府によると、朴大統領は二階が普段から韓日関係に高い関心を持ち、国交正常化五十年を迎え、大規模な代表団を率いて訪韓した点を評価したという。

二階が渡した安倍晋三首相の親書には国交正常化五十周年の今年が両国にとって良い年になるよう互いに努力しようという内容が書かれていたという。

二階の説明によれば、会談で大統領は「本年は戦後七十周年。歴史問題が話題にされるので慎重であってほしい」と話した。『産経新聞』の前ソウル支局長が出国禁止措置を受けている問題では、二階が安倍首相から頼まれたとして「自由に渡航できるようにしてほしい」と要請したが、朴大統領は「司法の場に委ねている」と応じなかった。

一方、慰安婦問題について大統領が「元慰安婦が生きている間に解決したい」と要請すると、二階は「そのとおりだ」と応じた。

二階は、帰国後、安倍首相、菅義偉《すがよしひで》官房長官と面会。その後、官邸で記者団に語った。

「国会議員七人と、一般参加者一千四百人のみなさんとで、日韓の観光交流をもっと盛んにやっていこうということで訪韓し、実行に移した。韓国の朴槿恵大統領とも話し合いの機会を持て、行ってきて良かった。一連のことについて、総理と官房長官にご報告した。総理からは『ご苦労でした』というねぎらいの言葉と同時に、『会談もスムーズにいったようで、テレビを通じて大統領のにこやかな顔も見ましたよ』というお話があった。

わたしは首脳会談を設定するまでの任を得ていないが、行き着くところは首脳会談で、やってもらわなきゃいけない。そのことについては、間違いなく、一歩ぐらいは進んだんじゃないかと、そんなふうには思っている。慰安婦の問題については、（安倍首相に）『早く解決するほうがいいに決まっている。政治決断も必要だ』と申し上げた。総理は『いろいろなことを重ねて、解決に努力したい』と言われた」

### 習近平と話し合った友情の種再発見モデル

さらに二階は、三月二十八日、中国・海南島で開かれている「ボアオ・アジアフォーラム」に出席した。その記念の写真撮影の際に、習近平国家主席と短時間ながら言葉を交わした。二階によると、五月に観光業関係者ら三千人とともに訪中することを紹介、習主席は「民間同士の交流は大変大事だ。大歓迎する」と述べ、歓迎の意を示した。

ここから、二階は、日中の観光・文化交流の推進を目的とした東京芸術大学名誉教授である洋画家の絹谷幸二を団長とする「観光文化交流団」三千百十六人もの民間大使を伴い、五月二十一日、中国を訪問。

二階は、五月二十二日、北京の清華大学での講演でこう言った。

「友好親善の種は、どこにでも転がっている。もう一度、日中両国で友情の種を再発見し、友情の苗を津々浦々に植栽していく。そういう運動を始めようではありませんか。新しい時代の流れを直視しながら、前を向いて新たな挑戦の旅に前進しようじゃありませんか。

中国を訪問するのに、いまさら紹介状もいらなければ、総理の親書もなくても来られるが、ここはわたしも政治家のはしくれ。日中関係を前に進めたいという思いがあるから、総理の親書を預かってきている。明日お渡しする機会があるんじゃないかと思う。明日、明後日からの日中関係は必ず良くなっていく。

新聞を見たら、明日からでも中国と日本が戦争でも起こすんじゃないかということを書いてることがある。本当に嫌なことだ。日本人ほど戦争が嫌いな国民はいない。わたしが小学校一年生のときに戦争が終わった。何も食べるものがなく、学校の教科書も戦前と戦後で内容が変わり、墨で教科書を塗ったことを思い出す。戦争なんて大嫌いなんですよ。日本が戦争好きな国のように事実を曲げられて伝えられているところがある。どうぞ日本がどんな国か見に来てください」

そして、五月二十三日、中国の習近平国家主席は、二階と同行した三千百十六人の訪中団に対し、日本側の想定を超える形で歓待した。

面会はこの日夜に人民大会堂でおこなわれた習主席と訪中団との夕食会で実現。

二階は、安倍晋三首相から託された親書を習に手渡した。

二階は、記者団に対し、親書を渡した際、習主席が「安倍首相によろしくお伝えください」と応じたことを明らかにした。

また、習は「互いに戦略的互恵関係を推し進めれば、両国関係は良い結果になると期待している」と述べたという。

## 習主席が語る「朋有り、遠方より来る、また楽しからずや」

習主席は、夕食会で、訪中団を前に語った。

「みなさま、こんにちは。およそ二千五百年前、中国の大思想家の孔子は、『朋《とも》有り、遠方より来《きた》る、また楽しからずや』と述べた」

二階は、冒頭に日本人のほとんどが知る孔子の言葉を持ってくる習主席のつかみの上手《うま》さに感心した。

習主席は続けた。

「本日、三千名の日本各界の人々が遠方から訪ねて来て、北京の人民大会堂に集い、日中友好交流大会を共に開催した。これは、近年における両国民間交流の大きな出来事であり、われわれは非常にうれしく感じている。

まず、わたしは中国政府と人民を代表して、また、個人的な名義で、日本の友人らの来訪に対して、熱烈な歓迎を申し上げる。われわれは、みなさんを通じて、多くの日本国民に対しても、心からの挨拶とすばらしいお祝いを申し上げる。

日中は一衣帯水であり、二千年以上にわたり、平和友好が両国国民の心の中の主旋律であり、両国民は相互に学び合い、各自の発展を促進し、そして、人類の文明のために重要な貢献をおこなった。

一週間前、インドのモディ総理がわたしの故郷の陝西省《せんせいしょう》を訪問した。わたしはモディ総理とともに、西安《せいあん》において、中国とインドの古代の文化交流の歴史を振り返った。隋《ずい》、唐《とう》の時代、西安は日中友好往来の重要な窓口であり、当時、多くの日本からの使節や留学生、僧などがそこで学習し、生活をしていた。代表的な人物は阿倍仲麻呂《あべのなかまろ》であり、彼は、大詩人の李白《りはく》や王維《おうい》と深い友情を結び、感動的な美談を残した。

わたしは、福建省《ふっけん》で仕事をしていたとき、十七世紀の中国の名僧隠元《いんげん》大師が日本に渡った物語を知った。日本に滞在していた期間、隠元大師は、仏教を普及させただけではなく、先進的な文化や科学技術を持ちこみ、日本の江戸時代の経済社会に重要な影響をもたらした。

二〇〇九年、わたしは日本を訪問した際、北九州などの地方を訪ね、両国国民間の割くことのできない文化的な淵源、歴史的関係を直接的に感じた。

近代以降、日本は拡張的な対外侵略の方向に向かい、日中両国は悲惨な歴史を経験することになり、中国人民に重大な災難をもたらした。七〇年代、毛沢東主席、周恩来総理、鄧小平《とうしょうへい》氏、田中角栄氏、大平正芳《おおひらまさよし》氏など両国の古い指導者らが、高度な政治的智慧《ちえ》をもって、重要な政治的決断をおこない、さまざまの困難を克服し、日中国交正常化を実現し、また、平和友好条約を締結し、両国関係に新しい世紀を切り開いた。廖承志《りょうしょうし》氏、高碕達之助《たかさきたつのすけ》氏、岡崎嘉平太《おかざきかへいた》氏などの有識者が積極的に奔走し、多くの仕事をおこなった。歴史は証明しているが、日中友好事業は両国および両国人民にとって有利であり、アジアと世界にとっても有利である。これは、われわれがいっそう大切にして、一心に擁護する価値のあるものであり、引き続き努力を続けていく」

習主席は、三千人を超える日本の民間大使に呼びかけるように語りかけた。

「来賓のみなさまおよび友人のみなさま！

隣人は選ぶことができるが、隣国は選ぶことができない。『徳は孤ならず、必ず隣あり（本当に徳のある人は孤立したり、孤独であるということはない）』である。日中両国の人民の誠意と友好、および徳をもって隣を為すようにしさえすれば、かならず世代をわたり友好を実現することができる。日中両国は共にアジアと世界の重要な国であり、両国の人民は勤勉で、善良で知恵に富んでいる。日中の平和、友好、協力は人心の向かうところであり、大勢である。

中国は高度に日中関係の発展を重視しており、日中関係は歴史の風雨を経てきたが、中国側のこの基本方針は終始変わっておらず、今後もまた変わることはない。われわれは、道を同じくして、日中の四つの政治文書の基礎の上に、両国の隣人としての友好と協力を推進していくことを願っている。

今年は中国人民抗日戦争および世界反ファシスト戦争勝利七十周年である。当時、日本の軍国主義が犯した侵略行為を覆い隠すことを許さず、歴史の真実は歪曲することを許さない。

日本の軍国主義が犯した侵略の歴史を歪曲し美化を企てるいかなる言動に対しても、中国の人民とアジアの被害を受けた人民が応えることはなく、正義と良知がある日本の人民も応えることはないと信じている。『歴史を忘れず、将来の戒めとする』。歴史を銘記することは、未来を創るためである。戦争を忘れないことは、平和を擁護するためである。

われわれは、日本の人民もあの戦争の被害者であると考えている。抗日戦争が終結した後、中国の人民は徳をもって恨みに報い、百万人の日本人が帰国するのを手助けし、数千名の日本の戦争孤児が成人するまで養い、中国人民の心の広さと大きな愛を示した。

今日、日中双方は『歴史を鑑とし、未来に向かう』精神に基づき、平和の発展を共に促進し、共に世代をわたる友好をはかり、両国で共に美しい未来を創り、アジアと世界のために協力していかなければならない。

みなさま、日中友好の基礎は民間にあり、日中関係の前途は、両国民の手に握られている。両国関係が不調であればあるほど、両国各界の人々の積極的な行動がより必要となり、民間交流をより強化する必要があり、両国関係の改善・発展のために条件と環境をつくりあげなければならない。

『青年が立てば、国家も立つ』

本日、多くの若者もここに座っている。中国政府は両国国民の民間交流を支持し、両国各界の人々、特に若い世代が積極的に日中友好事業に身を投じ、交流・協力をおこなうなかで理解を増進し、相互信頼を樹立し、友情を発展させていくことを励行する。

『先人が植えた木の木陰で、後代の人々が涼む』

わたしが真に期待するのは、両国の青少年が友情の信念をしっかりと持って積極的に行動し、友情の種を不断なく播き、日中友好を大樹に育て上げ、これをうっそうと茂る森にまで成長させ、そして、日中両国人民の友好を世々代々と継続させていくことである。

最後に、日中友好交流大会の円満な成功と日本の友人の中国滞在が愉快なものとなるようお祈り申し上げる。ありがとう」

## 「日中新時代」と「世界津波の日」の提唱

習主席に続き、二階が挨拶に立った。

「尊敬する習近平国家主席閣下、汪洋《おうよう》副総理閣下、楊潔篪《ようけつち》国務委員閣下、李金早《りきんそう》国家旅游局長閣下、ご列席のみなさま、日中友好の発展を熱烈に願う三千人を超える日本の民間大使の一行を温かく歓迎をいただき、心より感謝を申し上げます」

拍手が起こった。

「三月末、わたしは、ボアオ・アジアフォーラムで習近平主席閣下にお会いした際、習近平主席閣下から、ただいまのお話にあったように、本訪中団を『歓迎をする』との温かいお言葉をいただきました。こうして日本の各地、各界を代表する同志のみなさんと共に、かくも充実をした日程で訪中を実現し、習近平主席閣下の御臨席の下で盛大なレセプションに御招待をいただきましたことを大変うれしく存じます。

日中関係を支えているのは、時の政治情勢に左右されない民間レベルの深い人的関係であります。こうした信念で、これまで日中関係が良いときも、悪いときも、志を同じくする人々と共に、日中間の観光交流や地方交流、さらに青少年交流、防災分野での技術協力等、全力で取り組んでまいりました。

今回三千人を超える訪中団も、まさにこうした信念にもとづいての決断であり、参加者のみなさん一人一人がみずからの意思でご参加をいただいており、ここにわれわれ訪中団の民間大使としての意義があると考えております。

今回の訪中団には、国会開会中の週末の合間を縫って、林幹雄《はやしみきお》衆議院議院運営委員長をはじめとする二十三名という多数の超党派の国会議員が参加しています。また、高橋はるみ北海道知事、西川一誠福井県知事、荒井正吾奈良県知事、上田清司埼玉県知事をはじめ、多くの地方自治体からもご参加を得ていることは、日中間の議員間交流や地方間交流の層の厚さを示すとともに、日中交流に対する日本側の熱い思いを象徴するものであります。

どのようなときであっても、わたしはこうした交流を途絶えさせてはならないと考えています。とりわけ、文化交流は日中間の交流のなかでももっとも重要な位置を占めております。本年の十月には、北京の国家大劇院におきまして、ＮＨＫ交響楽団の公演がおこなわれることになりました。

日中友好の音楽を奏でることになっております。わたしは、先ほど中国の文化部の幹部のみなさんと共に、音楽会開催の調印に立ち会ってまいりました。

そして、特に自然災害の多いアジアでありますが、アジアの諸国の間で防災協力を推進してきましたが、是非ともこの際、中国の国家主席はじめ、幹部のみなさんのご理解をいただき、十一月五日を『世界津波の日』として提唱したいと思いますので、ご理解を賜りたいと思うものであります」

激しい拍手が沸き起こった。

この二階の提唱する「十一月五日」という日は、二階の地元の和歌山県広村（現・有田郡広川町）と関わりがある。安政元年（一八五四年）十一月五日の夜、安政南海地震の津波が広村にきた。そのとき、広村出身のヤマサ醬油七代目の浜口梧陵が、高台にある田の藁の山の稲むらに火を放ち、安全な高台にある広八幡神社への避難路を示し、速やかに村人を誘導し、救った。結果として村人の九割以上を救い、死者を三十人に抑えた。「稲むらの火」として知られている。

二階の動きによって、この日を国内では「津波防災の日」として定められた。そして二階は、さらに国連で「世界津波の日」に定めようと動いているのだ。

二階は語り続けた。

「この一環として、青少年交流を推進していくことが重要であります。先ほど習主席も述べられましたが、青少年は、次代を創る重要な世代であります。この前、われわれは大災害を受けたときに、中国から温かいご配慮をいただきました。

その際、五百人の子供たちを中国の海南島にご招待をいただいたわけでありますが、わたしどもはそれに感謝をする意味で、百人のこの第一班の青少年たちを連れて海南島におうかがいをしました。

そして、百人の子供たちは打ちひしがれたなかで、仙台から飛行機に乗っておうかがいしたわけであります。

そうしたなかで、中国のみなさんの温かいご配慮によって、海南島のあの太陽の燦々《さんさん》と照り輝く地域において、二日間で子供たちは、元気はつらつとした日本の子供たちに生まれ変わったのであります。

わたしは、この中国においてもいろいろな関係者とご相談をし、先ほど御紹介した知事の方々もおいでをいただいておりますので、この際、中国から少ない数ではありますが、あのときと同じように五百人のみなさんをわが国にご招待をして、子供たちによる日中友好の実を上げていきたい、このように考えておりますが、いかがでございますか」

拍手が起こる。

「ありがとうございます。多くのご同意をいただいて、われわれは引き続いて、こうした民間交流を、全力を挙げて努力をしていかなければならないと思います。習近平主席閣下をはじめとする中国側のみなさま方からの前向きのご支持をいただきながら、共に日中関係の新時代を築いてまいりたいと思います。

日中の世々代々、子々孫々の平和友好を次の世代に引き継ぐことがわれわれの使命であり、みなさんと共に全力を尽くして、そのことを実現してまいりたいと思うものであります。

本訪中団のためにご尽力をいただきました日中双方のすべての関係者の皆様方に、ここに心から感謝を申し上げ、今日こうして大変なご多忙のなかから習近平主席閣下がわざわざわれわれのためにこの場に足をお運びいただいたということを、われわれはこのことを胸に刻んで、これからの日中関係、先ほど来お述べになりました習近平国家主席のご挨拶、充分意味を理解し、そしてその実現のために、実行のためにわれわれも努力することを誓おうではありませんか」

より激しい拍手が沸き起こる。

「日中の今日までご努力いただいた方々、わたしも今、習近平主席がお述べになりました中国側の人々、日本側の人々、みんなはるかに存じあげております。その人たちのご苦労がどんなものであったかということを、わたしは今日ご出席をいただいている日本側の代表のみなさんに是非にご理解をいただきたいと思います。

今、時間もありませんから長く語るわけにはまいりませんが、わたしは藤山愛一郎先生にしろ、古井喜実先生にしろ、そうした方々が本当にご努力いただき、ご苦労いただいたことを、存じあげておりますす。そのことからすると、われわれは今、何をなさなくてはならんかということは、みんながおわかりのはずであります。共に頑張って、日中友好のために力を尽くすことを、みなさんとともにお誓いを申し上げ、わたしの挨拶を終わらせていただきます」

## 北京市内での〝記者会見〟発言

翌日の五月二十四日付の中国共産党中央委員会の機関紙『人民日報』は、「習近平は中日友好交流大会に出席し重要講話を発表」という見出しで、大々的に習主席の演説を報じた。

二階は、五月二十四日、北京市内で記者会見に応じた。

――今回の中国訪問をどう評価されているか。受け入れ側の中国に変化をお感じになられたか？

「全国各地の方々から、日中関係改善への期待が寄せられていたことを受け、今般、三千人規模の日中観光文化交流団を編成し、訪中させていただいた。今回の訪中団に参加された方々は、それぞれ自らの意思で参加されており、一人一人が『民間大使』であり、ここにわれわれ訪中団の意義があると思う。

わたし自身は、同様の趣旨の交流代表団に関係するのは今回で五回目であり、今回では日中関係の現状を確かめるために訪中したが、日中関係は昔と何も変わっていないということをあらゆる場所で再確認することができた。とりわけ、二十三日に人民大会堂でおこなわれた『日中友好交流の夕べ』では、習近平国家主席みずから出席され、中国は日中関係の発展を重視しており、その基本方針は変わることはない旨の発言があり、今後、日中関係が大いに発展していくことを確信したところである。

今般の訪中で、さまざまな観光・文化関連の行事を実施するとともに、自分から中国の関係者に対してさまざまな提案をおこない、具体的な成果を得た。例えば、防災分野の協力、とりわけ十一月五日を『世界津波の日』とする提案をおこない、中国側のさまざまな方から前向きなご理解を得た。

また、青少年交流をいっそう強化する観点から、中国の子供たち五百人を日本に招聘《しょうへい》する計画を発表した。些細《ささい》なことかもしれないが、できることから始めていくことが重要だと思う。ひと口に三千人と言っても大変な数であり、日中双方の多くの方々のご協力をいただき、無事に訪中を終えることができたと感謝している。今後も、日中関係の発展のために、着実に物事を進めていきたい」

――習主席の参加は、いつごろ決まり、なぜ参加したのか？

「われわれは民間交流の訪中団であり、自分から誰にお会いしたいと要望したことは一度もない。結果として、習近平国家主席のご出席を得られましたが、中国側の出席者については、お忙しい日程を踏まえて決定されたものと推察する。

いずれにせよ、日本から訪中した三千人が参加する『日中友好交流の夕べ』に習近平国家主席みずからが足を運ばれ、立派なスピーチをしていただいたことは、われわれとして感慨深かった。習近平国家主席は講話において、中国は日中関係の発展を重視しており、その基本方針は変わることはない。また、隣人として友好と協力を推進したい旨述べられた。

自分としては、対日関係の重視と日中友好の推進という意向の表われと理解しており、今後とも習近平主席とともに努力をし、次の世代にバトンを渡したいと思っている」

――安倍首相の親書を受け取った習主席のようすは？　また、報告に対する安倍首相の反応、また現在の習主席と安倍首相の関係をどのようにお感じになられているのか？

「安倍総理は、日中友好を前に向けて進めようという確固たる信念を持って、われわれ訪中団に親書を託された。自分は今回、三千人の訪中団の前で習主席に親書を手渡した。これに対し、習主席からは、親書をいただいたことを重視するとの発言があった。

安倍総理には、北京において、電話でポイントだけお話しさせていただいた。安倍総理は、今回の習主席との会談を非常に喜んでおられた。自分としても、一定の成果をあげることができたと感じている。本日午後、安倍総理に詳細を直接ご報告した。両国指導者の信頼関係のもとで、今後、日中関係がいっそう発展していくことを大いに期待している」

習主席との歓談内容についても、二階は語った。

「習近平主席は、安倍総理とも二度お会いし、お互いに戦略的互恵関係をしっかり進めていきたい。このまま進めていけば良い結果になるのではないかとの前向きな姿勢を示されておられた。また、習近平主席は、安倍総理にもよろしくお伝えくださいと述べられ、自分としては親書をお預かりした者としての役目を果たしたと満足している」

習近平国家主席は、三千人もの訪中団を前に、「中国は両国関係の発展を高く重視している。この基本方針は変わっていない」と民間交流の促進を呼びかけた。

その一方で、「日本軍国主義の侵略の歴史を歪曲、美化しようとするいかなる言動に対しても、中国国民とアジア被害国の人々は許さないだろう」と歴史問題に言及した。

二階は、習主席が歴史問題に言及した理由について語った。

「習主席の講話の一部のみを切り取って取り上げるのではなく、同講話が持つメッセージ全体に着目すべき。講話では、中国は日中関係の発展を重視しており、その基本方針は変わることはない。また、隣人として友好と協力を推進したい旨の発言があった。

全体として、明確に、対日関係の重視と日中友好の推進という日本へのメッセージが含まれていた。たしかに、習主席の講話において、歴史に関する従来の中国政府の立場について言及はあった。

習主席の発言の背景を自分は承知していないが、さまざまな政治状況なども踏まえて、中国の国家主席として、約三千人の日本人の前で歴史について何も言わないわけにはいかなかったとの事情があるのではないかと推察している」

一方、日本では、菅義偉官房長官は、五月二十五日午前の記者会見で、中国の習近平国家主席が五月二十三日に二階ら日本人訪中団にした演説について歓迎する意向を示した。

「日本と中国は今後仲良くやっていこうという内容の前向きな発言があった」

菅は二階らの訪中を「きわめて有意義なもの」と評価し、期待を示して語った。

「戦略的互恵関係をベースに、日中関係はより良い結果になっていくのではないか」

経済同友会の小林喜光代表幹事は、五月二十五日の記者会見で、二階が率いる訪中団が中国の習近平国家主席の歓待を受けたことについて、語った。

「かつてでは想像できないことで、日中関係が非常に重要な局面に入ってきているとポジティブにとらえるべきだ」

小林は、中韓両国とのいっそうの関係改善に向けた政府の努力に期待を示した。

「韓国も含めて状況が変化しつつあることは間違いない。チャンスとしてとらえていただきたい」

## 帰国後の安倍総理との面会で話されたものとは

二階は、帰国後の五月二十七日、総理官邸で安倍総理に会い、今回の習近平国家主席との面会について報告した。

その後、記者団への質問に応じた。

――どのような報告であったか？

「総理はすでにスピーチ内容など、情報を把握されており、大変満足していた。五百人の子供たちを日本に招待することを提案したことも報告したが、来日の際は総理官邸の見学や、総理自身と面会いただくことも快諾いただいた。公明党、民主党も加わり、各党が一緒になって日中問題に取り組むことについても、大変理解を示され、さらにしっかりやるように激励を受けた」

――総理の反応は？

「今回の三千名訪問で、難しい局面にあった日中関係が『ひと山越えた』と言えるのではないかと感じている。一歩前進したことは間違いないといえる。総理も同様の認識を示された」

――総理からどのような労いの言葉があったか？

「総理の対応については満足している」

――歴史問題への言及があったが？

「長いスピーチの一部分であり、いちいちその部分を切り出していては何事も前に進まない。それはまさに片言隻語《へんげんせきご》である。マスコミのみなさんも一緒になってこの日中問題の改善に取り組みましょう。

われわれにだけ強く言ってくるのではなく、みなさんも紙面をお持ちなのだから、しっかり主張することができるはずだ。一緒に頑張りましょう」

――日中関係改善に向けた総理の意気込みは？

「みんなで一緒にやろう！　ということだ。公明党、民主党も一緒に報告したが、大変よい雰囲気であった。これを受けて、それぞれの立場でさらなる努力を続けることが重要である。農産物の輸出規制問題などに早急に取り組みたい。日中双方のためになることである」

――今後に向けて？

「今回の訪中は成功であったと多方面から評価を受けているが、みずからもそう確信している。マスコミのみなさんの協力にも感謝している」

## 『週刊朝日』でのインタビューが物語る「非戦」の想い

筆者のわたしも、民間大使の一人として人民大会堂で習近平国家主席と二階の挨拶を目《ま》の当たりにしたが、帰国後、二階にインタビューし、『週刊朝日』の六月十二日号に掲載された。

大下　日中関係が険悪な時期にあえて訪中された意図は何ですか？

二階　今の日中関係はどうなっているんだろうか、とわたしもずっと疑問を持っていました。誰かが切り替えのポイントを間違ったようになってしまった。元の友好関係へ修復することをしなきゃいけないなと思っていました。自分が中国へ行って、要人と直接、会って話し合って、真相はどうなのか、確かめてこようという思いがありました。

今回、北京に到着した瞬間に険悪な関係という考えは間違いだと思いましたね。何も中国側は変わっていない。われわれが、難しい日中関係の時代が到来したと悪く思い込んでいただけであって、実際の中国は変わっていなかった。今回の日中交流もスムーズにいきました。

大下　しかし、尖閣諸島の領土問題、歴史問題などで中国に対する日本の世論は相当悪化してます。

二階　では、日本は中国との関係がなくてもいいのですか。中国にしても日本がなくていいのか。そう問いかけてみれば、答えはおのずから簡単なことです。友好をあきらめて、戦争をしましょうとなったら、誰が迷惑をするんですか。国民ですよ。

今、日本は戦争をする態勢、そういう軍備の態勢になっていないでしょう。自衛隊は日々、訓練して頑張っていますが、大きな軍隊を持っている米国、中国と対決することができますか？

大下　現時点では難しいでしょうね。

二階　できるわけないじゃないですか。それなら平和的に仲良くやっていこうという絆を、文化、スポーツ、青少年らの交流などを通じ築き上げる知恵がなければ、日本の存在はきっと危ういものになりますよ。

面会した時、習主席は「隣人は選ぶことができるが、隣国は選ぶことができない。徳は孤ならず、必ず隣あり（本当に徳のある人は孤立したり、孤独であるということはない）」と言われましたよ。

わたしは確信を持って、日中友好を進めようと思いました。
大下　習主席とはどんな話をしたのですか？
二階　わたしが安倍晋三首相からお預かりした親書を手渡したら、「安倍首相にもよろしくお伝えください」「首相とは二度お会いしているので、今後もお互いの戦略的互恵関係をしっかり進めていきたい」とおっしゃっていました。
大下　日中首脳会談の実現への〝密伝〟は？
二階　こう言っちゃ、失礼ですけど、これまで満足な首脳会談であったのかどうかというのはテレビをご覧の方はわかりますよね。
中国高官にわたしは「日本の首相がわざわざ行っているのにあの態度はないでしょう」と随分、申し上げたことがあります。今回、習主席から、安倍首相からの親書をいただいたことを重視するとの発言もありました。「このまま進めていければ、良い結果になるのではないか」と前向きな姿勢を示されたのです。
安倍首相には北京から電話で（習主席との会話の）ポイントだけを報告しましたが、非常に喜んでおられた。今後、首脳会談の実現に期待しています。
大下　今後も習主席とはコンタクトは取るのですか。
二階　お礼の手紙ぐらいは出さんといかんかなと思っています。今後、安倍首相と習主席をつなぐ意味でも知っておいていただきたいこともいろいろとありますからね。

大下　一方で習主席は「歴史の真実は歪曲することを許さない」「歴史を忘れず、将来の戒めとする（略）。戦争を忘れないことは、平和を擁護するためである」など歴史問題にも言及しました。

二階　習主席の長いスピーチの一部であり、そこを切り出しても片言隻語でしょう。メッセージ全体に着目すべきです。平和を願わない人なんていませんよ。この世の指導者のなかで、軍備を強化して、足腰をしっかりさせて、どっかの国に攻め込んでやろうなんて考えている人はいません。

わたしは、「日本人は戦争が嫌いなんですよ」ということを、ことあるごとに外国の人にあえて言っているんです。そうすると、「本当にそうですか？」という顔をされる。そういうふうになること自体、日本は反省する必要があります。

反省するとしたら、この点です。誤解を解くためにも、わかってくれているだろうと思い込んでいるだけではダメ。平和愛好なんだということを、もっと知ってもらわないと。「戦争には絶対に反対だし、戦争はやってはならない」という誓いを世界中に発表していかなければと思います。

大下　習主席は「両国関係が不調であればあるほど、民間交流をより強化する必要がある」

二階　中国は礼儀礼節の国です。ですから、日本も中国に相対するときに、あらためて礼儀礼節を考える必要がある。「朋《とも》あり、遠方より来《きた》る」ですよ。この精神を私は日中間の関係改善のために、心に刻まなければならない。

わたしは選挙される立場ですので、よくわかるのですが、近所、隣とケンカしておったら、町会議員にもなれません。ですから、国際社会で隣の国とケンカしていて、思い切った外交政策を実現することは難しいのです。

大下　二月には一千四百人を引き連れ、訪韓し、朴槿恵大統領と面会。五月二十三日も約三千人の訪中団と一緒に習主席と北京の人民大会堂で面会。昨年五月に自民党の高村正彦《こうむらまさひこ》副総裁、今年三月に谷《たに》垣禎一《がきさだかず》幹事長が訪中した際、二人とも習主席とは会えなかった。不安はなかったのですか。

二階　ありませんでした。三月にボアオ・アジアフォーラムがあり、そこで習主席にお会いし、約三千人の一般市民のみなさんと北京を訪れるから、全員が人民大会堂に入れるように便宜をはかってもらいたいと伝えました。

習主席から直接、「みなさんを歓迎する」という言葉をいただいてました。しかし、外交というのは何が起こるかわかりませんから、「習主席が来られる」とは誰にもひと言も告げなかったんです。

大下　二階さんは北京で習主席に十一月五日を「世界津波の日」にしたいと、直接伝えられました。

二階　三千人が聞いている前で、習主席にダイレクトに申し上げるのが一番手っとり早いでしょ。

大下　二階さんは自民党が野党だった時代、津波法案を議員立法で通すためにみずからが提出者となって、動きました。これが早く通っていたら、3・11はもっと被害が少なくて済んだかもしれません。3・11が起こり、十一月五日が津波防災の日と決まった。

わたしは二〇一三年に『津波救国〈稲むらの火〉浜口梧陵伝』という本を書きましたが、浜口は安政南海地震（一八五四年）のとき、和歌山県広川町で津波が差し迫っていることを稲に火をつけて知らせ、住民を避難させた人物です。その日が十一月五日でした。

二階　今度はその防災の日を世界規模でやっていこうと。今の時代、国は随分離れていても、災害は地球規模で広がるでしょう。十万人単位で人が被害に遭っているというのに、何も対応しなかったら、科学も文化もないと思うんです。
大下　五月二十七日、首相官邸で安倍首相に中国訪問を報告しましたが、どんな会話をしたんですか。
二階　難しい局面にあった日中関係が「ひと山越え、一歩前進したことは間違いない」と言うと、首相も同じ認識を示されました。そして中国の五百人の子供たちを日本に招待することを、習主席に提案したことを報告したんです。
　訪中団には北海道、福井、奈良、埼玉県の四人の知事が参加されてましたから、五百人が来日したら、各道県で百人ずつ責任を持つ約束をしてくれました。残り百人は私どもの責任で受け持ちたいという計画を相談したら、安倍首相は顔をほころばせて「それはいいことです。官邸も案内しますし、わたしも時間が合えばかならず、挨拶に出る」と言われました。
　首相の反応がいいから、みんなが寄ってくるわけですよ。多忙なスケジュールなのに、四十分もお時間を割いていただいた。私たちが退席しなければ、エンドレスな雰囲気でした。今回の訪中は公明党、民主党にも報告したが、大変良い雰囲気でした」

## 日中韓首脳会談開催の背景

安倍総理は、十一月一日、中国の李克強首相、韓国の朴槿恵大統領とソウルの大統領官邸で会談した。日中韓三ヵ国による首脳会談は、二〇一二年五月以来、約三年半ぶりであった。

三氏は、「歴史を直視し、未来に向かって進む精神」で、地域の安全と平和に向け協力していくことで合意。三ヵ国首脳会談を定例化させ、二〇一六年には日本で開催することでも一致した。

二階の習近平国家主席との面会、朴槿恵大統領との面会、そして大訪中団と大訪韓団による民間外交が大いに力あったといえよう。

なお、二階は十一月十九日からの一週間、日本とインドネシアの相互交流をさらに促進しようと、「日本インドネシア文化経済観光交流団」一千百人で訪問した。

二〇〇四年十二月二十六日に二十二万人もの死者を出したスマトラ島沖地震の大津波による壊滅的被害にあったアチェを訪ね、「世界津波の日」の制定を訴えた。

二階のエネルギッシュな活躍が実り、国連の委員会で満場一致により、十一月五日を「世界津波の日」に制定する決議案が採択された。

## 著者略歴

一九四四年、広島県に生まれる。広島大学文学部を卒業。「週刊文春」記者をへて、作家として政財官界から芸能、犯罪まで幅広いジャンルで旺盛な創作活動をつづけている。

著書には『十三人のユダ 三越・男たちの野望と崩壊』（新潮文庫）、『実録 田中角栄と鉄の軍団』シリーズ（全三巻、講談社+α文庫）、『昭和闇の支配者』シリーズ（全六巻、だいわ文庫）、『田中角栄秘録』『日本共産党の深層』『内閣官房長官秘録』『小泉純一郎・進次郎秘録』（以上、イースト新書）、『官僚』（飯島勲との共著、青志社）、『逆襲弁護士 河合弘之』『専横のカリスマ 渡邉恒雄』『激闘！闇の帝王 安藤昇』（以上、さくら舎）などがある。


# 永田町《ながたちょう》知謀戦《ちぼうせん》 二階俊博《にかいとしひろ》と田中角栄《たなかかくえい》

二〇一六年七月九日 第一刷発行

著者 大下英治《おおしたえいじ》

発行者 古屋信吾

発行所 株式会社さくら舎 http://www.sakurasha.com

東京都千代田区富士見一-二-一一 〒一〇二-〇〇七一

電話 営業 〇三-五二一一-六五三三 FAX 〇三-五二一一-六四八一

編集 〇三-五二一一-六四八〇 振替 〇〇一九〇-八-四〇二〇六〇

装丁 アルビレオ

印刷・製本 中央精版印刷株式会社





ISBN978-4-86581-060-8